# 47 Tage

## Wie zwei Jungen
## Hitlers letztem Befehl trotzten

ANNETTE OPPENLANDER

© 2019 Annette Oppenlander
Umschlaggestaltung, Illustration: www.fiverr.com/akira007
Lektorat, Korrektorat: Kerstin Brömer
Übersetzung: Annette Oppenlander
Herausgeber: Annette Oppenlander
ISBN E-Book: 978-3-948100-12-4
ISBN Taschenbuch: 978-3-948100-13-1
Auszug aus dem Roman »Vaterland, wo bist Du?«
Bibliografische Information der Deutschen
Nationalbibliothek:
Die Deutsche Nationalbibliothek verzeichnet diese
Publikation in der Deutschen Nationalbibliografie; detaillierte
bibliografische Daten sind im Internet über http://dnb.d-
nb.de abrufbar.

# WIDMUNG

Für meinen Vater,
der mir zeigte, dass anders sein gut ist.

NACH EINER WAHREN GESCHICHTE

Ein Teil dieser Novelle stammt aus dem
mehrfach preisgekrönten biografischen Roman
»Vaterland, wo bist Du?«

# U.S.-AMERIKANISCHE AUSZEICHNUNGEN DER ENGLISCHEN ORIGINALFASSUNG »SURVIVING THE FATHERLAND«

2017 National Indie Excellence Award
2019 Gold Global eBook Award
2017 Winner Chill with a Book Readers' Award
2017 Discovered Diamond Historical Fiction
2017 Finalist Kindle Book Award
2018 Indie B.R.A.G. Award Honoree
2018 Readers' Favorite Book Award
IWIC Hall of Fame Novel

# WEITERE BÜCHER DER AUTORIN

Vaterland, wo bist Du?
A Different Truth
Escape From the Past: The Duke's Wrath (Book One)
Escape From the Past: The Kid (Book Two)
Escape From the Past: At Witches' End (Book Three)
47 Days: How Two Teen Boys Defied the Third Reich
(Novelette)
Everything We Lose: A Civil War Novel of Hope, Courage
and Redemption
Surviving the Fatherland (Englische Originalausgabe von
»Vaterland, wo bist Du?«)
Where the Night Never Ends: A Prohibition Era Novel
When They Made Us Leave: A Novel about Hitler's Mass
Evacuation Program for Children

*»... wenn diese Knaben mit zehn Jahren in unsere Organisation hineinkommen, [...] dann kommen sie vier Jahre später vom Jungvolk in die Hitler-Jugend, und dort behalten wir sie wieder vier Jahre. [...] dann nehmen wir sie sofort in die Partei, in die Arbeitsfront, in die SA oder in die SS [...] dann kommen sie in den Arbeitsdienst und werden dort wieder sechs und sieben Monate geschliffen [...] Und was dann [...] noch an Klassenbewusstsein oder Standesdünkel da oder da noch vorhanden sein sollte, das übernimmt dann die Wehrmacht zur weiteren Behandlung auf zwei Jahre (Beifall), und wenn sie [...] zurückkehren, dann nehmen wir sie, damit sie auf keinen Fall rückfällig werden, sofort wieder in die SA, SS und so weiter, und sie werden nicht mehr frei ihr ganzes Leben!«* —Adolf Hitler

# PROLOG

Warum habe ich es getan?

Selbst jetzt, mehr als siebzig Jahre danach, kann ich es nicht sagen. Zumindest nicht mit Bestimmtheit.

Oh, ich habe eine Idee...also will ich versuchen es zu erklären.

Ich war der mittlere von drei Brüdern, Hans, etwa ein Jahr älter, mein Bruder Siegfried acht Jahre jünger. In unserer Familie bestimmte mein Vater und wir gehorchten, seine Ohrfeigen flinker als das Zustoßen einer Kobra.

Aber wir wussten wo wir hingehörten, jeder von uns ein Teil der Familie, ein verbundenes und teils wildes Miteinander – mit Wanderungen ins bergische Land und selbstgebackenem Semmel, Butter und roter Johannisbeermarmelade am Sonntagmorgen, jeder von uns überzeugt, dass das Leben immer so dahingleiten würde.

Das war jedenfalls so bis der Krieg begann und mein Vater fortging. Von da an, während sich Monate in Jahre verwandelten und unser Leben zum monströsen Überlebenskampf ausartete, vergaß ich meine guten deutschen Manieren, meinen Gehorsam. Ich wurde jemand anders, eine Person die ich manchmal nicht erkannte, ein Wesen, dass wühlte, scharrte und kämpfte wie das niedrigste

Tier.

Bis zu jenem verhängnisvollen Frühling im Jahr 1945 hatte ich mir nie Gedanken darüber gemacht, was Heimat und zu Hause bedeuteten und was ich dafür tun würde, sie in meinem Herzen zu halten – wie tief Hitlers grauenhaftes Böse in unser Leben eingedrungen war. Wie es meine Lebensanschauung veränderte und mich zwang, unmögliche Entscheidungen zu treffen.

Irgendwann spielt die Erinnerung Streiche. Aber obwohl ich mit den einfachsten Aufgaben des täglichen Lebens ringe, erinnere ich mich ganz klar an den Tag an dem alles begann.

Ich erinnere mich an den Moment als uns befohlen wurde für unser Vaterland zu sterben.

# SOLINGEN, MÄRZ 1945

Ich saß auf meinen Händen, um sie warmzuhalten, als unser Lehrer, Herr Leimer, hereinkam. Vier Monate nach dem schlimmsten Bombengriff in der Geschichte Solingens, als alle Schulen geschlossen worden waren, hatte ich es endlich geschafft, wieder einen Platz als Tagesschüler an der Berufsschule zu ergattern.

Leimer war uralt und aus dem Ruhestand geholt worden, nachdem die eigentlichen Lehrer vom Krieg verschluckt worden waren. Es war März und unser Klassenzimmer, dessen Fenster mit verschiedenen Dachpappen und Linoleum vernagelt waren, war düster und ebenso kalt wie die gefrorene Landschaft draußen.

Wie meine Mitschüler trug ich meinen Mantel und eine Wollmütze, die Mutter aus einem alten Pulli gestrickt hatte. Frustriert wegen der Steifheit meiner Finger, öffnete und schloss ich meine Fäuste. Technisches Zeichnen war mein Lieblingsfach.

Aber anstatt an die Tafel zu gehen und eine Aufwärmskizze vorzuschlagen, räusperte sich Leimer mehrmals. Seine Wangen, die schroff vom Alter und zu vielen kalten Nächten waren — oder, wie manche munkelten, von zu viel Alkohol —, glühten ungewöhnlich rot.

Als das Stühlerücken und Zappeln endlich aufhörte,

vergaß ich meine eisigen Hände. Der alte Mann sah aus, als würde er jeden Moment umkippen. Er schwankte sogar etwas. Immer noch sprach er kein Wort. Stattdessen sah er uns aus seinen wässrig blauen Augen an, hielt unsere Blicke, bis das Rutschen und Zappeln von Neuem begann und alle zu flüstern anfingen.

»Jungs«, sagte er endlich, »ich habe euch etwas mitzuteilen …« Leimers Stimme zerrann, doch er fing sich und fuhr fort: »Ihr seid zur Musterung befohlen. Ich lese vor, was hier steht.« Er mühte sich, mit seinen knochigen und mit blauen Venen überzogenen Händen ein offiziell aussehendes Dokument zu entfalten.

»Alle Männer, Jahrgang 1928 oder 1929, werden zur Musterung gebeten.« Er hielt inne. In der ansonsten absoluten Stille des Raumes klang sein Atem schrill wie eine kaputte Pfeife. »Falls für kriegsverwendungsfähig erklärt, lautet der Marschbefehl wie folgt: bis Montag, den 12. März 1945, nach Marburg durchschlagen und bei der Hitlerjugend melden.« Leimer ließ die Notiz sinken. Als er wieder sprach, klang seine Stimme wie von weit her. »Ihr habt eine Woche. Aber erst müsst ihr euch zur Musterung melden und eure Papiere aktualisieren lassen. Alles andere wird dort erklärt.«

Ich kratzte mich am Kinn und sah mich im Raum um. Das konnte nicht wahr sein. Nicht jetzt. Ich war mir sicher, dass der Krieg bald vorbei sein müsste. Letzten Dezember hatte der Pferdesoldat gesagt, das Ende sei nah. Ich wollte meinen Bleistift gegen Leimers Stirn schleudern.

»Wie kommen wir nach Marburg?«, fragte jemand.

»Wo ist Marburg? Gehen wir alle zusammen?« Aufgeregte Stimmen füllten den Raum.

Leimer hob beide Arme. »Ruhe.«

Das Geplapper ließ widerwillig nach.

»Es gibt keinen offiziellen Transport nach Marburg. Es sind vielleicht zweihundert Kilometer südöstlich. Ihr müsst den Weg dahin selbst finden. Haltet nach Lastern Ausschau oder versucht, einen Zug zu erwischen. Wahrscheinlich müsst ihr laufen.«

»Warum sollen wir jetzt dorthin gehen?« Paul Mans war noch immer so klein wie letzten Sommer, als der Offizier ihn geohrfeigt hatte. Ich war sicher, dass er sich vor einer zweiten Musterung fürchtete. Denn ich fürchtete mich auch.

»Die Wehrmacht braucht jedermanns Hilfe.« Leimer zögerte, als wollte er mehr sagen. Aber dann schüttelte er den Kopf.

»Was ist mit Uniformen?«, fragte jemand.

»Und Waffen?«, rief ein anderer Junge.

Leimer runzelte die Stirn. »Ich nehme an, ihr bekommt alles Notwendige in Marburg. Ihr seid entlassen.«

Das Zimmer explodierte vor Geschnatter. Stimmen in verschiedenen Stufen der Entwicklung mischten sich, darunter tiefe Baritone und die hellen und kratzigen Tonlagen von Halbwüchsigen. Ich beobachtete Rolf Schlüter, der sich immer wichtigmachte und die Leute drangsalierte. Entweder war man im Rolf-Schlüter-Verein oder nicht. Ich war's definitiv nicht.

Im Moment ließ sich Rolf von einer Schar eifriger Zuschauer bewundern. Sie drängten sich um ihn, während Rolf seine Strategie erklärte. »Das ist stinkeinfach, ihr werdet sehen. Wenn wir alle mitmachen, sind wir in Nullkommanichts da.«

*Komisch*, dachte ich und deponierte meinen Bleistiftstummel vorsichtig in der Manteltasche, *Rolf hat ein Talent, sich die Verdienste anderer anrechnen zu lassen.*

Ehrlich gesagt, konnte ich kaum glauben, wie aufgeregt, ja sogar begeistert meine Mitschüler klangen. Hatten sie die letzten fünfeinhalb Jahre nicht miterlebt? Ihr Plappern ging mir auf den Nerv und ich wollte nur gehen — weg von ihnen und ihrer Torheit.

»Was ist mit dir, Günter?« Rolf sah mich erwartungsvoll an.

Ich schluckte einen Fluch hinunter und zwang mein Gesicht in eine neutrale Miene. Zumindest hoffte ich, dass sie so wirkte. »Ich muss erst sehen, ob mein Freund Helmut auch geht. Dann ziehen wir zusammen los.«

»Komm schon. Dein Freund kann sich uns anschließen. Wir treffen uns nach der Musterung in Höhscheid.«

»Warum dort?«, fragte ich und bereute es sofort. Jetzt würde er denken, ich sei interessiert.

»Dieter sagt, da fahren Militärkolonnen vorbei. Wir können problemlos mit.« Wie selbstsicher er klang.

»Ich versuche, es zu schaffen, aber ich werde auf Helmut warten«, sagte ich.

»Was heißt hier *versuchen*?«, äffte Dieter mich nach. »Du solltest dich mehr engagieren. Hast du nicht gehört? Der Führer braucht uns! Das wird sauaufregend.«

Ich bemühte mich, zu lächeln, obwohl ich innerlich mit dem Kopf schüttelte. Wie konnte Dieter den Krieg aufregend finden? Selbst ein Blinder konnte sehen, dass Deutschland verloren war.

»Dann such dir selbst den Weg«, sagte Rolf. »Du wirst ziemlich dösig aussehen, wenn du Tage später ankommst und wir schon die ersten Russen umgelegt haben.«

Wie aufs Stichwort grölten Rolfs Freunde.

»Mein Bruder kennt jemanden von der Partei«, bot einer von Rolfs Kumpanen an.

»Mein Onkel ist Hauptmann. Er weiß bestimmt was«, schaltete sich ein anderer Junge ein.

Wie konnten die Onkel und Brüder dieser Jungen zu Hause sein, wenn mein Vater bereits seit Jahren weg war? Vier Jahre und zehn Monate, um genau zu sein. Ich wusste zwar nicht viel, aber mir war klar, dass ein Kriegsbeitritt keine kluge Idee war. *Du würdest tun, was Vater und Hans machen. Du wärst einer von ihnen.*

Aus der Entfernung beobachtete ich meine Klassenkameraden. Trotz seiner starken Worte erschien Rolf neben seinen Freunden eher klein.

»Ich wette, wir treffen als Erste ein«, sagte er gerade. »Wer kommt mit mir?« Alle Hände in der Gruppe schossen hoch. »Lasst uns gehen und alles vorbereiten. Wir sehen uns bei der Musterung.« Gefolgt von seinen Bewunderern, stürmte er aus dem Zimmer.

Ich blieb zusammen mit Paul zurück, der langsam seine Tasche packte. Herr Leimer saß noch immer an seinem Schreibtisch auf dem Podium. Er schien über Nacht gealtert zu sein. Ich wollte ihn fragen, was er jetzt machen würde, da die Klasse aufgelöst war, aber ich erinnerte mich an die Musterung. Ich wollte nicht zu spät kommen und musste bald los, besonders dann, wenn es Ewigkeiten dauerte, dorthin zu kommen. Die meisten Wege waren bis auf Weiteres unter Trümmern vergraben.

Kurze Zeit später sah ich meine Mitschüler in der alten Grundschule auf der Zweigstraße, wo die Wehrmacht ein anderes Büro aufgemacht hatte. Die vorherige Dienststelle auf der Wienerstraße gab es seit dem Angriff nicht mehr. Wieder mussten wir uns nackt ausziehen und in einer Reihe aufstellen.

Der kommandierende Offizier blickte grimmig von einem zum anderen, während wir frierend in der eisigen Luft warteten. Die Musterung war noch kürzer als die letzte, der uralte Arzt sah uns kaum an. Wir bekamen alle den Marschbefehl nach Marburg.

Auf dem Weg nach Hause ging ich bei Helmut vorbei, um herauszufinden, ob er denselben Befehl erhalten hatte.

Schon beim Öffnen der Tür wurde mir klar, dass er auch gehen musste. Seine Augenlider flatterten und seine Arme gestikulierten fahrig. »Komm rein.«

»Ich gehe nicht. Zumindest nicht sofort«, sagte ich und ließ mich auf Helmuts Bett fallen. »Die Soldaten im Dezember meinten, wir sollten es abwarten. Dass der Krieg bald vorbei sei.«

»Ich will auch nicht«, sagte Helmut. »Aber wir können nicht hierbleiben. Das ist Befehlsverweigerung. Du weißt, was passiert, wenn sie uns erwischen.« Seine Stimme zitterte. Er sackte auf den einzigen Stuhl am Fenster. Normalerweise war er ziemlich gelassen, aber heute Nachmittag glänzte seine Stirn trotz der kühlen Raumtemperatur vor Schweiß.

»Natürlich können wir nicht zu Hause bleiben, aber wir brauchen ja nicht direkt nach Marburg zu gehen. Wir könnten ganz gemütlich wandern und abwarten. Es hieß, wir sollten *versuchen*, am Montag da zu sein. Sie wissen doch nicht, wer alles geht und wie lange es dauert. Ich wette, sie schätzen es nur.«

»Du meinst, wir sollten uns verstecken?«

»Für eine Weile. Um zu sehen, wie die Sache sich entwickelt.«

»Was ist, wenn einer unsere Papiere kontrolliert?« Helmut sprang auf und marschierte auf und ab. »Ich sage meiner Mutter nichts davon. Sie würde verrückt vor Sorge.«

»Sie wird so oder so verrückt.« Ich schob den Gedanken, Mutter meine Neuigkeiten zu erzählen, weit von mir. »Wir könnten doch auch *Probleme* haben und viel länger brauchen. Vielleicht verletze ich mich. Oder wir verlaufen uns.«

»Du willst dich also nicht diesem Rolf anschließen?«

»Auf keinen Fall!«

Helmut grinste. »Er klingt wie ein Idiot.«

»Ich sehe mal nach, ob ich eine regionale Karte finde.«

»Treffen wir uns heute Abend um sieben?«, fragte Helmut.

Ich nickte wortlos.

Als ich das Haus verließ, rief er hinter mir her: »Wir hauen ab, falls uns einer beobachtet.«

Auf dem Nachhauseweg wuchs der Knoten in meinem Magen bei dem Gedanken an Mutter mit jedem Schritt.

Entschlossen, ruhig zu bleiben, schaute ich sehnsüchtig den geschrubbten Küchentisch an.

»Ich bin zu Hause.«

Kein Topf stand auf dem Ofen. Dieser Tage hatten wir kaum genug Rationen, etwas Warmes zu kochen.

»Du bist spät dran.« Mutter erschien aus ihrem Schlafzimmer mit einem geflickten Socken in der Hand. »Ich habe Maisbrot und etwas Marmelade.« Sie stöberte in der Brotkiste, die ebenso hohl klang wie mein Bauch sich anfühlte. »Setz dich doch beim Essen.«

Mein Bauch knurrte ärgerlich, als ich auf die Bank sank. Ich war hungrig, gleichzeitig aber auch nicht. Ich suchte Mutters Gesicht nach Anhaltspunkten ab, wie ich das Thema am besten anschneiden könnte. Sie zeigte den gewohnt angespannten Ausdruck, den die jahrelangen Sorgen und Ängste ihr ins Gesicht geschrieben hatten.

»Ich bin eingezogen worden.« Wie sonderbar das klang.

Die Socke fiel auf den Tisch. »Was meinst du damit?«

»Wir wurden ein zweites Mal gemustert und ich habe Marschbefehl nach Marburg.«

»Was? Heute?«

Ich nickte und hoffte, meine Stimme bliebe fest. »Ich soll mich nach Marburg durchschlagen. Meine gesamte Klasse geht. Helmut auch. Ich habe eine Woche Zeit, dorthin zu kommen.« Ich schluckte das letzte Stück Brot hinunter. Die Krumen blieben in meinem Hals kleben. Ich stand abrupt auf und presste meine Lippen fest zusammen. So hatte sich Hans benommen, als er aufgebrochen war.

»Aber du bist kaum sechzehn.« Mutters Augen waren dunkel vor Tränen. »Wollen sie uns alle umbringen? Du musst vorsichtig sein, Günter. Versprich es mir.«

Ich nickte, widerstand meinem Verlangen, auf ihren Schoß zu klettern und meinen Kopf an ihrer Schulter zu verbergen.

Stattdessen sackte ich auf die Bank zurück und ergriff ihre Hände. »Pass auf. Ich … wir haben entschieden … Wir gehen nicht sofort hin. Wir nehmen uns ganz viel Zeit. Wir laufen irgendwie … im Kreis.«

Mutter drückte meine Finger. »Sei bloß wachsam. Die SS … Sie erschießen dich auf der Stelle, wenn sie auch nur vermuten …«

»Mach dir keine Sorgen, wir schaffen es«, brachte ich hervor. Ich wünschte mir, meine Stimme klänge überzeugender — für sie, und für mich. Ich stand wieder auf und eilte in mein Zimmer. Zeit, zu packen.

»Wirst du Vater und Hans sehen?« Siegfried lungerte im Türrahmen, seine Stimme erschien mir ungewöhnlich hoch.

Ich kniete mich vor ihn. »Es sind viele Männer unterwegs, aber ich werde definitiv nach ihnen Ausschau halten.«

Wie konnte ich meinem achtjährigen Bruder erklären, dass ich keine Absicht hatte, unserem Vater und Bruder zu folgen? *Verräter! Sie kämpfen einen Krieg irgendwo da draußen, den sie nicht gewinnen können, und was tue ich?*

Siegfried legte seine Wange an meine Schulter. »Schreibst du uns?«

Ich kniff die Augen zusammen, damit sie nicht undicht wurden, und klopfte ihm als Antwort auf den Rücken.

# ERSTER TAG

Es war dunkel, als ich mich aus dem Haus schlich. Mutter war dem Weinen nahe, aber ruhig, und presste Siegfried an die Brust. Ich schluckte mehrmals, doch der Kloß in meinem Hals war so groß wie ein Fußball. All die Worte, die ich hatte sagen wollen, kamen nicht. Das Einzige, an das ich denken konnte, waren meine brennenden Augen und feuchten Handflächen, bis ich meinte, ich müsste ersticken. Hatten Vater und Hans Ähnliches gefühlt, als sie davonmarschiert waren? Ich drehte mich hastig um und schloss die Tür hinter mir.

Für Anfang März war es eine außergewöhnlich kalte Nacht, der Boden hart gefroren. Helmut wartete an der Ecke. Sein Atem dampfte in der Luft. Über uns stand ein blasser Halbmond, und vereinzelte Wolken warfen Schatten über den Weg.

Wir huschten leise daher, jeder mit einer Tasche mit einer extra Garnitur Kleidung, einer Decke, etwas Brot und ein paar Kartoffeln. Es fiel mir schwer, mir vorzustellen, dass wir heute Nacht oder in absehbarer Zeit nicht nach Haus gehen würden.

Ich hatte keine Landkarte gefunden, also steuerten wir Richtung Süden in die Wupperberge. Blätter raschelten unter unseren Schuhen und ein eisiger Wind blies. Wir hatten diese

Gegend tausendmal durchstöbert, die Landschaft war uns ebenso vertraut wie unsere Gärten. Ich hatte bisher nicht begriffen, wie sehr ich es liebte, hier zu leben. Wie sehr ich diese Dinge für selbstverständlich hingenommen hatte.

»Alles in Ordnung?«, fragte ich, um mich abzulenken.

»Klar.«

»Du klingst wenig überzeugend.«

Helmut blieb still.

»Warum antwortest du nicht?« Ich konnte die Wut in meiner Stimme nicht unterdrücken.

»Was soll ich schon sagen?«

»Idiot.«

Helmut blieb ruckartig stehen und schleuderte seine Tasche auf den Boden. »Wen nennst du einen Idioten? Hast du dir mal überlegt, was passiert, wenn sie uns erwischen? Alle gehen nach Marburg. Was passiert wohl, wenn wir nicht dort auftauchen?«

»Wir müssen uns einfach verstecken. Falls einer fragt, sagen wir, wir hätten uns verlaufen.«

»Und wenn du dich irrst? Wenn der Krieg weitergeht? Ich meine, er läuft seit über fünfeinhalb Jahren. Was ist, wenn sie herausfinden, dass wir ...« Helmut ließ die Stimme sinken. »Wir werden hingerichtet.«

»Halt den Mund. So, wie du hier rumschreist, sind wir in zehn Minuten tot.« Am liebsten hätte ich Helmut eins auf die Nase gegeben. »Keine Ahnung, was passieren wird, aber ich weiß, dass ich nicht dahingehen will. Überall sterben die Menschen. Jeder ...«, ich schluckte, um die Gedanken an meinen Vater und meinen Bruder zu vertreiben, »kommt um.«

»Ich sage, wir gehen in die Nähe von Marburg. Dann warten wir.«

»Warten auf was?« Ich kratzte mich an der Stirn. »Darauf, dass die SS oder die Russen uns finden?«

Helmut blieb still.

»Wir müssen nur vorsichtig sein und dort bleiben, wo wenige Leute sind. Wir können jederzeit später nach Marburg wandern.«

Helmut sagte immer noch nichts, doch nahm er seine Tasche und lief los.

Die Bäume wuchsen dichter und dunkler. Pinien und Zedern mischten sich mit Eichen und Buchen. Wir fanden Unterschlupf in einem alten Jagdstand etwa sechs Kilometer von zu Hause entfernt. Der kleine Kasten, auf vier Meter langen Stelzen gebaut, stand am Rand eines Feldes, eines von Tausenden in dieser Landschaft. Da wir uns nicht trauten, Feuer zu machen, kauerten wir uns in die Ecke, wobei der Wind durch die Fensteröffnung freien Zugang hatte.

Ich konnte weder schlafen, noch meine Zehen fühlen. Es war früher Morgen, die Stunde vor der Dämmerung, wenn Gedanken der Hoffnungslosigkeit und Zweifel flüstern. Tau durchnässte meine Haare und Decke. Ich versuchte, mir den Mantel über die Knie zu ziehen, aber er war zu kurz. Ich war über den Winter wieder gewachsen.

Über mir schwangen Äste wie riesige Finger. Unter uns raschelte etwas am Boden, das Geräusch wirkte in der Dunkelheit unverhältnismäßig laut. Die gestrickten Handschuhe, die Mutter mir gegeben hatte, erlaubten zu viel Luft, also steckte ich meine Hände zwischen die Beine. Ich sehnte mich nach meinem Bett, nach den gewohnten Lauten zu Hause – und nach Mutter. Ich döste, aber der Schlaf blieb aus.

Helmut hatte recht. Was, wenn wir uns irrten und der Krieg viel länger dauerte? Wen interessierte schon, dass eine Handvoll Soldaten von Niederlage sprach. Wer wusste, ob das stimmte? Alles, was wir sonst hörten, kam durchs Radio, die Ankündigungen und Berichte. Nicht, dass ich noch zuhörte — wenigstens nicht mit Absicht.

Und wenn uns eine Patrouille stoppte? Oder wir auf Russen oder Amerikaner stießen? Wir hatten weder Waffen noch Training. Nicht mal Essen für mehr als zwei Tage.

Ich zitterte.

Als es dämmerte, begann der Nieselregen. Ich sah über die Felder, um zu entscheiden, in welche Richtung wir gehen sollten. Zwei Rehe grasten unter uns, friedlich und unerreichbar. Helmut schlief, den Kopf nach hinten gelegt, den Mund weit offen und entspannt, seine Wollmütze über einem Auge verrutscht.

Ich boxte meinen Freund in den Arm. »Wir gehen besser.«

»Lass mich schlafen«, murmelte Helmut und drehte sich auf die Seite, um eine bequemere Position zu suchen. Da er keine fand, öffnete er die Augen. »Scheiße, ich friere.«

»Dann setz deinen faulen Arsch in Gang.« Ich hatte Stinklaune. Helmut konnte überall schlafen, Tag oder Nacht, während mein Verstand nicht abschalten wollte.

Mit gesenkten Köpfen schlappten wir weiter. Das Land wellte sich in sanften Hügeln und weiten Tälern, mit Wäldern und Wiesen und dem gelegentlichen Bauernhof oder Dorf gesprenkelt. Die Nässe dämpfte unsere Schritte und kroch unter unsere Kleidung. Wir gingen vorsichtig, vermieden Straßen und Häuser und sprangen vom Weg sobald wir Geräusche hörten.

Manchmal fanden wir eine Scheune gefüllt mit Stroh oder Heu und krochen nach Dunkelheit hinein. Auf einem Bauernhof war es einfacher, etwas zu finden oder zu stehlen. Obwohl die meisten Bauern ihre Ernten für den Krieg spenden mussten, hatten sie immer Reserven. Immerhin war es leichter, Nahrung anzubauen und zu verstecken, wenn man Land und Gebäude besaß.

# SIEBTER TAG

»Was meinst du, wann wir nach Hause können?«, fragte Helmut, als wir hintereinander über einen schmalen Pfad wanderten. Schwer zu begreifen, dass wir schon seit einer Woche unterwegs waren.

Farne sprossen, ihre aufgerollten Stiele entfalteten sich durch die Blätterschichten vom letzten Herbst. Trotzdem kam mir der Wald leer vor. Außer den Tieren, die wir nicht fangen konnten, gab es nichts Essbares. Ein Sonnenstrahl tauchte die Umgebung in kräftige Farben, fügte aber keine Wärme hinzu. Was hatte ich denn erwartet? Es war erst Mitte März.

Ich rupfte meine Mütze herunter und kratzte mir den Kopf. Alles juckte.

»Lass uns noch mal proben und sicherstellen, dass wir das Gleiche sagen.« Ständig malte ich mir aus, erwischt zu werden. Es war, als ob mir eine Gewitterwolke folgte, die mich mit einem Blitz treffen wollte.

»Wir wandern nach Marburg?«, bot Helmut an.

»Vielleicht sollten wir sagen, wir hätten uns im Wald verlaufen.«

»Wir erzählen, ich hätte meinen Knöchel verstaucht. Uns glaubt doch niemand, dass wir eine ganze Woche lang herumirren.«

»Also gut. Fein.« Ich konnte meine Verärgerung nicht unterdrücken.

»Wären wir *meinem* Vorschlag gefolgt, müssten wir nicht ständig nach Ausreden suchen. Wir könnten einfach auf die richtige Chance warten.«

Ich biss mir auf die Lippen. Vielleicht hatte Helmut recht. Aber der Gedanke, nach Süden zu wandern und uns in die Nähe *der* Leute zu begeben, die uns jederzeit erschießen würden, gab mir ein noch schlechteres Gefühl. »Lass uns noch ein wenig länger warten.«

Helmut seufzte. »Meinst du, die anderen sind schon eingetroffen?«

»Wer weiß, vielleicht schießen sie schon auf Russen.«

Ich stellte mir Rolf mit einem Gewehr vor, sein Gesicht mit Lehm beschmiert, auf einen unsichtbaren Feind anlegend. Ich dachte an Paul Mans, den zierlichen Jungen, der immer ängstlich war, selbst in der Klasse. Zweifel machten sich in mir breit und ich verließ abrupt den Weg.

»Was hast du vor?«, rief Helmut hinter mir her.

Ich zuckte mit den Schultern. Ich musste mich einfach ablenken. Mein Hals juckte, wo der Wollmantel die Haut wundgescheuert hatte. Meine Achselhöhlen stanken und mein Schritt kribbelte. Wir würden bald Läuse oder anderes Ungeziefer anlocken.

Aber das war nicht der Grund für meine schlechte Laune. Das ziellose Wandern machte mich verrückt. Helmuts Grübeln und Stirnrunzeln machten mich verrückt. Noch schlimmer waren meine eigenen Zweifel und diese Unentschlossenheit.

Mit einem Seufzer dachte ich an unsere Badewanne. Selbst als ich Wasser schleppen und es auf dem Herd erhitzen musste, war das im Vergleich zum Hausen im Wald purer Luxus gewesen.

»Was? Du willst dich waschen?« Helmuts Ausdruck war so ungläubig, als hätte ich vorgeschlagen, nach Afrika zu fliegen. Er tauchte einen Zeigefinger ins Wasser. »Flüssiges Eis.«

Ich ignorierte ihn und starrte auf das über moosbedeckte Steine gurgelnde Flüsschen. So früh im Jahr war das Wasser kniehoch. Das Licht reflektierte in brillanten Farben auf der Oberfläche. Normalerweise liebte ich jede Art Wasser, aber ich war immer nur schwimmen gegangen, wenn es heiß war. Ich zog Mantel und Pullover aus, knöpfte Hemd und Hose auf, warf Schuhe und Socken ab, krümmte die Zehen gegen die kalte Feuchtigkeit des langen Winters.

Die Luft stach. Gänsehaut erfasste mich am ganzen Körper. Helmut bewegte sich nicht.

»Guckst du zu oder was?«

»Fein.« Ächzend riss sich Helmut die Jacke vom Leib.

Ich drehte ihm den Rücken zu, watete ins Wasser und spritzte mich nass. »Scheiße, ist das kalt.« Meine tauben Füße machten es unmöglich, die Balance zu halten. Ich glitt aus und tauchte unter. Eis drang in Ohren und Nase, entzog mir die Luft.

Als ich prustend wieder auftauchte, stand Helmut mit bläulichen Lippen in der Unterhose da. »Wir haben keine Handtücher«, bibberte er. Seine Schlüsselbeine standen heraus, darunter die Rippen, perfekt aufgereiht wie die Tasten eines Klaviers. Warum war mir das nie aufgefallen? Vor dem Krieg waren wir oft schwimmen gegangen. Vor hundert Jahren.

Warum also sollten wir weitermachen? Warum sollten wir uns nicht einfach hinlegen und sterben, hier, sofort? Oder besser noch, zur nächsten HJ marschieren und uns selbst anzeigen? Ich konnte es nicht sagen. Ich wusste nur, dass ich so lange weitermachen würde, wie ich laufen konnte. Ich musste daran glauben, dass uns irgendwo hinter dem Horizont ein neues Leben erwartete. Was bedeutete nach fünfeinhalb Jahren schon ein weiterer Tag oder eine weitere Woche?

»Ich kann es kaum erwarten, wieder ein richtiges Bad zu nehmen«, sagte ich, während ich mich mit meinem Hemd trockenrubbelte und meine extra Unterhose aus der Tasche zog. Tausend Nadeln stachen meine Füße und Beine. Wäre in mir nicht so eine große Leere gewesen, hätte ich mich vermutlich erfrischt gefühlt.

»Gehen wir weiter«, sagte ich, sobald Helmut angezogen war.

Der Drang, mich zu bewegen, war stärker als das Bedürfnis, mich auszuruhen.

# ZEHNTER TAG

Da der Wald wie leer gefegt war, konnten wir nur auf Höfen fündig werden: eine Handvoll Rüben, Sauerampfer und halbverdorbene Äpfel, ein paar aufgeweichte Körner. Da wir uns nicht trauten, Feuer zu machen, aßen wir unsere Fundstücke roh.

Am zehnten Tag stießen wir auf ein kleines, sauber geführtes Anwesen, das weitab von der Straße stand. Nervös suchte ich das Grundstück nach offensichtlichen Zeichen politischer Bekundung ab, nach einem Hakenkreuz oder der deutschen Fahne.

Es gab keine. Das Haus stand wie verlassen da. Nicht mal ein Hahn krähte.

»Lass uns nach Essen fragen«, sagte Helmut.

»Ziemlich riskant, oder?« Ich musterte die Fenster des Hauses, wähnte Augen hinter den Gardinen. Das Haus war schlicht, mit roten Ziegelmauern und Dachpfannen aus Ton. Der Stall daneben, mit dem niedrigen Dach, wirkte ebenso bescheiden. Immer noch rührte sich nichts.

Wir probten rasch unsere Ausreden – auf dem Weg nach Marburg, uns verlaufen, brauchen Proviant für den Weg.

Ich wusste, dass Helmut Angst hatte, weil seine Unterlippe bebte. In den letzten beiden Tagen hatten meine eigenen Beine zu zittern begonnen. Es war, als würde ich auf halbgekochten Nudeln laufen. Mein Magen schmerzte die meiste Zeit und ich schlief schlecht, obwohl die Nächte inzwischen wärmer waren.

»Willst du fragen?«, flüsterte ich.

»Vielleicht sollten wir bis zum Dunkelwerden warten und dann etwas zum Stehlen suchen.«

»Wir brauchen Essen«, zischte ich. Neue Wut brauste in mir hoch, ein weiterer Nebeneffekt des Hungers. Trotzdem bewegte ich mich genauso wenig.

Helmut lehnte sich unentschlossen gegen einen Baumstumpf. »Wir sollten erst mal rausfinden, ob hier jemand wohnt.«

Aus dem Nichts raste ein Köter auf uns zu. Er war groß wie ein Schäferhund und hatte sein schwarzes Fell gesträubt. Ein paar Meter vor uns hielt er an und knurrte, wobei er imposante weiße Zähne entblößte.

»Guter Hund«, flüsterte ich.

Meine Beinmuskeln spannten sich und ich fragte mich, ob wir genug Zeit hatten, abzuhauen, bevor das Biest uns zu Mittag verschlang.

Der Hund kam nun langsam näher. Er setzte seine Pfoten leise auf den festgetrampelten Boden, sein Knurren klang böse.

Ich schauderte und Helmut rief: »Beweg dich langsam und klettere auf den Baum.«

»Was wollt ihr?« Ein alter Mann stand im Eingang des Bauernhauses und zielte mit einer Flinte auf uns.

»Vielleicht können Sie …«, begann Helmut.

»Heraus mit der Sprache, Junge. Ich habe nicht den ganzen Tag Zeit«, unterbrach ihn der Mann.

»Wir sind hungrig … und unbewaffnet«, rief ich.

Technisch war das gelogen, denn ich ging nirgendwo ohne mein Taschenmesser hin. Meine Knie blieben auf der Stelle angewachsen.

»Was habt ihr für Unfug vor?« Der Mann fuchtelte mit dem Gewehr.

»Wir wollten nur um etwas zu Essen bitten«, sagte

Helmut kleinlaut. »Wir gehen besser.«

»Nicht so hastig. Kommt aus dem Gebüsch und zeigt euch.« Klang die Stimme des Bauern nun milder oder bildete ich mir das nur ein?

Wir gingen langsam näher. Mein Blick huschte zwischen dem Hund, der aufgehört hatte, zu knurren, und dem Gewehrlauf hin und her. Ich überlegte, ob ich Helmut, der neben mir lief, ein Zeichen geben sollte. Aber ob wegzurennen oder weiterzugehen, war mir selbst unklar.

»Bei Fuß, Rudi.« Der Hund trottete schwanzwedelnd zu dem alten Mann.

»Ich merke schon, ihr habt eine Weile nicht gegessen.« Der Blick des Bauern ruhte auf unseren lehmbesprenkelten Schuhen. »Eine Schande, was mit unserem Land passiert.« Er schüttelte den Kopf und verschwand im Haus.

Ich zögerte und sah Helmut an.

»Worauf wartet ihr? Kommt rein«, sagte der alte Mann. »Zieht eure Schuhe aus.«

Die Küche war abgenutzt wie die knotigen Hände des Bauern, aber der Eichentisch war sauber poliert. Der Mann stellte seine Flinte in die Ecke beim Waschbecken. »Dann sehen wir mal, was wir haben«, murmelte er und wühlte in einem Schrank.

»Setzt euch, Jungs.« Der Alte nickte zum Tisch, der rasch mit Butter, Brot, Käse, hausgemachter Marmelade und getrockneter Wurst beladen wurde.

Wir sanken auf zwei gegenüberstehende Stühle. Mein Mund war trocken und mein Magen ein einziger Knoten aus Hunger und Sorge.

Ich roch das Brot und das geräucherte Fleisch. Es war unmöglich, den Blick abzuwenden. Helmut schluckte Spucke.

Der alte Mann ließ sich schwerfällig zwischen uns nieder. »Also, wer seid ihr?« Seine Augen, halb verdeckt zwischen losen Hautfalten, waren schwer zu deuten.

*Wir verstecken uns*, wollte ich sagen. *Wir laufen vor dem Krieg davon.*

Ich seufzte vor Erleichterung, als ich Helmut sagen

hörte: »Ich heiße Helmut. Das ist mein Freund Günter. Wir sind auf dem Weg nach Marburg, um den Dienst anzutreten.

Der Bauer studierte unsere Gesichter. »Wie alt seid ihr?

»Sechzehn«, sagten wir gleichzeitig.

In der Küche wurde es still. Irgendwo in der Ecke verrutschten Scheite im Ofen. Ich versuchte, flach zu atmen. Meine Hände zitterten unter dem Tisch. Ich konnte an nichts als das Essen vor mir denken. Und an unsere Lüge, die wie ein böser Geist in der Küche schwebte.

*Erdbeeren*, meldete mein Gehirn, als ein Dufthauch Marmelade in meine Nase kroch.

»... seid besser vorsichtig.« Der Blick des Mannes lag auf mir.

»Was?«, fragte ich.

Der Alte schüttelte den Kopf. »Ich sagte, ihr Jungs seid zu jung für den Krieg. Ihr müsst vorsichtig sein.«

Ich nickte langsam, beobachtete den Gesichtsausdruck des Alten. Dinge standen zwischen uns. Unausgesprochene Dinge, aber ich hatte keine Angst mehr.

Ich langte nach einer Schnitte Brot und vergaß unser Elend.

Der Alte sah schweigend zu, wie wir uns die Bäuche vollstopften. Endlich lehnte ich mich zurück. Wir sprachen wenig. Das Miene des Mannes war entspannt, seine Augen glitzerten hinter dem Schatten riesiger Augenbrauen.

»Wenn ihr wollt, könnt ihr im Stall schlafen. Bleibt aber während des Tages außer Sicht.«

Ich nickte, zwang meine Aufmerksamkeit weg vom Brot. Mein Bauch dehnte sich unangenehm und doch wollte ich mehr essen.

»Ihr bekommt Frühstück und etwas für die Reise.« Der Alte nickte und stand ächzend auf. »Versprecht mir, vorsichtig zu sein.«

Ich versuchte ein Lächeln. Der Mann klang wie Mutter. *Denk bloß nicht an zu Hause. Nicht jetzt, nicht in nächster Zeit.*

Aber als wir ins Heu sanken, dass frisch roch und sich warm anfühlte, und der Wind mich in den Schlaf flüsterte, wanderten meine Gedanken zu meinen Eltern und Hans. Wie verstreut wir alle nun waren. Ich sehnte mich danach, bei ihnen zu sein.

Am Anfang hatte ich die Tage gezählt: 192 Tage, seit Vater weggegangen war, 33 Tage, seit Hans eingezogen wurde, 97 Tage, seit wir zuletzt ein vernünftiges Mahl gehabt hatten. Jetzt, fünf Jahre später, zählte ich in Jahren. Die meiste Zeit zählte ich gar nicht mehr.

# DREIZEHNTER TAG

Wir blieben zwei Nächte, halfen dem alten Mann beim Säubern, stapelten Holz und Stroh. Am dreizehnten Tag unserer Wanderschaft, mit Brot und Käse in unseren Taschen, steuerten wir auf einer Straße gen Süden, als wir Motoren brummen hörten.

Alarmiert sprangen wir über den mit moderigem Wasser gefüllten Graben in ein dichtes Gebüsch. Wir lugten durch die Blätter, als der Boden zu vibrieren begann und der Lärm zu Getöse wurde.

Eine deutsche Militärkolonne kroch im Schneckentempo auf uns zu. Wagen, Pferde, Anhänger, Laster und Menschen verstopften den Fahrweg. Die Landser schauten grimmig, ihre Uniformen waren verdreckt. Die meisten schlurften zu Fuß. Die Glücklicheren fuhren auf hohen Ladeflächen. Viele waren verletzt.

Ich konnte mir nicht helfen, ich musste die Gesichter der Männer in den Lazarettwagen absuchen, sah glanzlose Augen und blutige Stümpfe. Wie still sie lagen. Manche stöhnten. Erleichterung breitete sich in mir aus, weil mir keiner der Männer bekannt vorkam. Vielleicht war Vater schon lange tot, lag erfroren und vergessen in einem Massengrab.

»Glaubst du, wir sollten uns zeigen?«, flüsterte Helmut in mein Ohr.

Ich schüttelte den Kopf, starrte verlangend auf den Provisionswagen und fragte mich, ob diese Soldaten von Marburg wussten. Es brauchte nur einen eifrigen Offizier und wir würden angezeigt.

# VIERZEHNTER TAG

Unsicher in welche Richtung wir gehen sollten, waren wir den ganzen Tag an einer Stelle im Wald geblieben. Bis Helmut sich überraschend aufraffte und im Dickicht verschwand.

»Komme gleich wieder,« murrte er gerade noch.

Ich sah ihm stirnrunzelnd nach. In der fallenden Dunkelheit dieses ungemütlichen Frühlingsabends war ich plötzlich allein. Oh, welche Ruhe, welcher Frieden.

Ich stand auf und streckte mich, inspizierte meine Tasche, die schmutzige Unterwäsche, die mit Lehmspritzern besudelte Decke, das leere Butterbrotpapier, das einstmals Mutters Maisbrot umwickelt hatte. Ich hob es an die Nase und schnüffelte. War da noch ein fahles Aroma von Gebackenem oder bildete ich mir das ein?

Mit einem Seufzer packte ich das Papier wieder fort. Man wusste nie, wann es nützlich sein würde.

Irgendwo raschelte Laub. Ich hielt inne und lauschte. War das Helmut? Die Stille kehrte zurück. Irgendwo in der Ferne warnte eine Elster.

Wo war Helmut bloß hingegangen? Wenn wir unser Geschäft verrichteten, machten wir daraus kein Geheimnis. Außerdem kam auch das seltener vor, weil wir so wenig aßen. Wie auf Kommando rumpelte mein Magen. Verdammter Volkssturm. Sollten sie doch ihren elenden Krieg alleine ausfechten.

*Das tun sie ja auch.*

War es nun besser hier so zu hausen und zu warten, sich zu ducken und herumzutappen?

So ein Krieg hatte Hand und Fuß. Da zog man eine Uniform an, nahm eine Waffe in die Hand und schoss auf den Feind. Da wusste man woran man war.

Aber das hier, dieses elende Zaudern und Wundern ging einem auf den Zwirn. Das und das ewige Hungergefühl, die eisige Hand die mein Inneres gnadenlos zusammendrückte. Ich rupfte einen Grashalm aus und steckte ihn zwischen die Zähne.

Und jetzt spielte Helmut auch noch verrückt.

Irgendwann kam mir der Gedanke, was eigentlich wäre, wenn einer von uns verschwand oder sich verletzte, wenn Helmut nicht zurückkam? Hatte man ihn erwischt? Selbst die Bauern waren dieser Tage auf der Hut und selten geneigt, Essen abzugeben.

»Dahinten laufen Bahnschienen lang.« Helmut stand vor mir, die Haare zu Berge und außer Atem. Ich hatte ihn überhaupt nicht kommen hören.

»Wo rennst du bloß rum?«, sagte ich unmutig, ärgerlich, dass ich nicht aufgepasst und ihn nicht gehört hatte und gleichzeitig erleichtert, meinen besten Freund zu sehen.

Helmut zuckte mit den Schultern und wandte sich ab. »Brauchte ne Abwechslung.«

Dann drehte er sich abrupt zu mir, ein Grinsen auf dem Gesicht. Er öffnete die Jacke und offenbarte ein Federbündel. »Abendessen. Da hinten ist ein Hof und das Huhn lief einfach so da rum.« Helmut zuckte mit den Schultern. »Da hab ich's mitgenommen.«

Im Dämmerlicht sah das Tier schaurig aus, seine Augen offen, sein Kopf verdreht. Die rot-braunen Federn am Hals klebten zusammen wo Helmut ihm zweifellos die Kehle umgedreht hatte. Ich schluckte während in meinem Kopf die Gier nach gebratenem Fleisch mit dem Mitleid für die verendete Henne wettstreiteten.

So kam es, dass wir in einer Mulde ein Feuer machten und im flackernden Licht – der Boden war mit rötlichen Federn überseht – ein Festessen genossen.

Am nächsten Morgen entschieden wir weiterzuziehen. Doch bevor wir die Spuren von gestern Abend beseitigt hatten, begann es irgendwo hinter dem Waldstück an zu dröhnen.

Auch wenn uns die Geräusche von tieffliegenden Bombern aus Solingen vertraut waren, so verloren sie nie ihre markerschütternde Wirkung. Ich wusste, sie waren nicht hinter uns her, konnten uns unter den Tannen nicht sehen und doch wollte ich nichts mehr als mich auf den Boden werfen. Helmut ging es genauso, seine Nase scharf im blassen Gesicht.

Während wir so standen und lauschten, unsere Taschen an die Brust gepresst, begann der Boden zu vibrieren. Explosion folgte Explosion, präzise, ja fast rhythmisch brausten die Sprengsätze. Irgendwo, nicht allzu weit von hier, starben gerade Menschen.

Dann wurde es still. Diesmal erinnerte die Ruhe an einen Friedhof.

»Verdammt, was war das bloß?« Helmuts Stimme klang gedämpft.

Ich erinnerte mich an Helmuts Ausflug. »Vielleicht haben die Briten die Schienen gesprengt.«

»Möglich.«

»Wir könnten nachsehen.«

Wortlos machten wir uns auf den Weg. Es ging querfeldein durch den Wald und bald stieg uns der beißende Gestank eines Feuers in die Nase. Eigentlich wollte ich abhauen, doch propellte mich die Neugier vorwärts. Der Rauchgeruch wurde dichter...schärfer.

Vor uns endete der Wald und ich erkannte Bahnschienen. Nur diese Schienen liefen nicht flach und parallel, sie bogen sich grotesk gen Himmel.

»Vielleicht sollten wir abhauen«, raunte Helmut neben mir.

»Vielleicht gibt es was zu holen.« Der Gedanke einen Güterwagen voller Lebensmittel zu finden, trieb mich voran.

Im Schatten der Bäume pirschten wir uns vorsichtig am Waldrand entlang, wobei wir die Gleise im Blick hielten. Keine hundert Meter weiter züngelten riesige Flammen. Die Lokomotive lag wie ein verendeter Koloss halb auf der Seite. Dahinter loderten schwarze Wolken. Ein offener Kohlewagen war umgekippt und hatte seine Ladung verschüttet. Das meiste davon brannte, die Hitze so groß, dass mir die Wangen brannten.

Jetzt vernahm ich Stimmen. Zwischen den Stämmen der noch kahlen Bäume liefen Soldaten in Wehrmachtuniform um die noch stehenden Wagons. Es war nur eine Frage der Zeit bevor sie uns entdeckten. Von der anderen Seite des Zugs erklang schreckliches Stöhnen, Männer brüllten.

»Sollen wir nach Essen fragen oder Hilfe anbieten?«

Helmut ließ sich mit der Antwort Zeit. Das war auch gut so, denn in dem Moment marschierte ein Mann in Uniform auf die verschreckten Soldaten zu. Er war mindestens so alt wie Vater aber da hörte die Ähnlichkeit auch schon auf. Dieser Mann war Offizier und trug Totenkopfabzeichen auf der Mütze und am rechten Kragenspiegel. Das war einer von Heinrich Himmlers Elitetruppen. Und den zusammengepressten Lippen und wutsprühenden Augen nach zu urteilen verstand er keinen Spaß.

*Weg hier*, schrie es in mir. Trotzdem bewegte ich mich nicht. Ich konnte nicht, mein Körper vor Schreck wie gelähmt. Helmut ging es offensichtlich genauso.

»Reißt euch zusammen«, schrie gerade der Totenkopfmann. »Wagons sichern, Verletzte bergen. Die Toten lassen wir zurück. Abmarsch in fünfzehn Minuten.«

Die Männer stoben auseinander und verschwanden während der Offizier eine Zigarette aus einem silbernen Etui nahm und sich dann rauchend an einen Baum lehnte. Zu meinem Entsetzen schaute er in Richtung der zerstörten Lokomotive, also genauso, dass er uns aus den Augenwinkeln hätte sehen können. Jetzt nur nicht bewegen...oder husten.

Meine Beine begannen zu zittern und mein Hals war mit einem Mal rappeltrocken. Ich spürte Helmut neben mir und wusste auch ohne ihn zu sehen, dass er so wie ich vor Angst fast umfiel.

Der Ilex Busch hinter dem wir warteten, verdeckte uns nur teilweise, auch wenn es hier unter den vereinzelten Tannen etwas dunkler war. Der Mann rauchte als säße er irgendwo im Café, seine Miene entspannt. Der Rauch, den er ausstieß, waberte zu uns herüber. Trotzdem ging von dem Mann etwas Kaltes, ja Erstarrtes aus – eine Art Grausamkeit spielte in den Zügen um seinen Mund.

*Nun komm schon, dreh dich endlich weg.* Doch der Offizier rauchte weiter, der silberne Totenkopf an der Mütze glänzte. Wenn er jetzt noch pinkeln musste, waren wir erledigt. Ich stellte mir vor, wie er auf der Suche nach einem geeigneten Baum auf uns zuschritt, uns entdeckte und die Pistole zückte.

Ein Schauer wanderte über meinen Rücken zum Hals, meine Füße spürte ich nicht mehr.

»Herr Oberst, mehrere Verletzte müssen getragen werden.« Der Wehrmachtssoldat nahm vor dem Offizier Stellung auf und drückte die Hacken zusammen. »Wir brauchen Tragen.« Unsicherheit war in seine Stimme gekrochen. »Etwas mehr Zeit...«

Unmutig warf der Totenkopfmann seine Zigarette fort und blickte auf die Uhr. »Unmöglich, lassen Sie zwei Männer zur Bewachung hier. Wir senden Hilfe.«

»Aber Herr Oberst, die Verwundeten – «

»Machen Sie schon, wir marschieren in fünf Minuten.«

Während der Soldat kehrt machte und verschwand, schritt der Offizier langsam entlang der hinteren Wagons davon.

Fast gleichzeitig duckten wir uns und krochen in die entgegengesetzte Richtung. Meine Knöchel pochten und ich war von innen eiskalt. Selbst die Bombardierung Solingens letzten November, bei der die gesamte Altstadt abgebrannt war, hatte mich nicht so erschreckt. Mir wurde klar, dass die Ruhe, der Frieden, den ich noch gestern Abend verspürt hatte, eine Illusion war.

Der Tod wartete um die Ecke und er trug sowohl deutsche als auch alliierte Uniform.

# SECHZEHNTER TAG

»Ich will nach Hause«, klagte Helmut zwei Tage später, als wir mal wieder einen Waldweg entlangwanderten. »Wir hungern, und meine Schuhe fallen auseinander.«

»Und was ist, wenn uns jemand sieht?«, fragte ich, darum bemüht, mein eigenes Bedürfnis nach einem warmen Bett zu ignorieren.

»Wir sind vorsichtig.«

»Na gut, aber nur für einen Tag, in Ordnung?«

Helmut nickte, ein grimmiges Lächeln auf den knochigen Wangen.

Es dauerte weitere zwei Tage, bevor wir unsere Nachbarschaft erreichten. Im Schutze der Nacht kroch ich durch das Kellerfenster und schlich die Treppe hinauf. Keiner durfte mich sehen. Gedämpfte Stimmen drangen in den Flur. Ich versuchte die Eingangstür — abgesperrt.

»Wer ist da?«, erklang Siegfrieds Stimme von der anderen Seite.

»Ich bin zurück«, wisperte ich.

Die Tür flog auf. Ich schlüpfte hinein, gerade als Mutter aus der Küche gerannt kam.

»Günter!«

Mit einem Seufzer entspannte ich mich in ihrer Wärme.

»Was machst du hier?«, fragte sie. »Es ist noch nicht

vorbei, oder?«

»Nein, Mutter. Aber wir haben ein paar Soldaten belauscht — die Amerikaner sind bereits in Siegen. Die Wehrmacht zieht sich überall zurück.«

Mutter schüttelte den Kopf. »Du darfst nicht bleiben. Wenn dich jemand sieht …«

»Ich weiß.« Nie hatte ich etwas mehr gewollt. »Hast du was gehört …?« *Von Vater und Hans*, hatte ich sagen wollen. Meine Stimme gehorchte nicht.

Mutter eilte resolut zum Brotkasten. »Nichts, kein Brief.«

Wie ich es bei dem alten Bauern gemacht hatte, schloss ich beim Essen des Maisbrotes die Augen. Mutter schien dünner zu sein als vor zwei Wochen und ich fragte mich, ob ich ihre Ration aß. Immer noch kauend, ging ich in mein Zimmer. Mein Bett sah warm und einladend aus. Ich wollte mich darauf einrollen und ewig schlafen.

Mutter war mir gefolgt. »Du bleibst besser im Keller. Ich habe gehört, dass die SS Leute erschossen hat, nur weil sie Flugblätter aufgehoben haben.«

»Was stand auf den Blättern?«, fragte ich und wanderte wieder in die Küche.

»Dass wir kapitulieren sollen, wenn die Amerikaner kommen.« Mutter sackte auf die Bank. »Hitler will uns zuerst alle umbringen. Versprich mir, vorsichtig zu sein. Ich hole dir eine extra Decke.«

Als von der Wohnung über uns keine Stimmen oder Schritte mehr hörbar waren, öffnete ich vorsichtig die Wohnungstür und schlich nach unten. Der Hunger war zurück, aber dem war nicht zu helfen. Ich schloss mich im Kohlenkeller ein, breitete die alte Matratze aus, die für Bombenalarme gedacht war, und fiel in einen Tiefschlaf.

Ein Klopfen an der Tür weckte mich.

»Komm nach oben«, flüsterte Mutter.

Ich schloss auf und flitzte hinter ihr her. Nach der Wärme meines Bettes, war die Küche ein Eisschrank.

»Wir haben wenig Holz«, sagte Mutter, als hätte sie meine Gedanken erraten.

Es wäre einfach gewesen, Feuerholz zu suchen, aber ich konnte es nicht riskieren. Die SS erschien oft aus dem Nichts. Viele Menschen verschwanden, nachdem sie von spionierenden Nachbarn wie dem Schwein, das unser Pferd gestohlen hatte, angezeigt wurden. Mit einem Seufzer zog ich meinen Mantel an und setzte mich zu einem Stück Maisbrot und Pfefferminztee hin. Am Abend, nach Einbruch der Dunkelheit, verschwand ich und holte Helmut auf dem Weg ab. Mutter hatte nicht geweint.

Der Frühlingsanfang färbte Büsche und Bäume mit frischem Grün. Wir wanderten weiter. Einige Wege erschienen uns vertraut, aber es war schwer, das mit Sicherheit zu sagen. Ganze Wälder waren verschwunden, entweder waren sie von Bomben verbrannt oder als Feuerholz abgehauen worden.

# ZWANZIGSTER TAG

Ich konnte mich nicht an die Kälte gewöhnen. Egal wie schnell wir gingen oder wie wir uns in Mäntel, Mütze und Handschuhen wickelten, die eisige Luft kroch in meine Knochen.

Zunächst streift sie dich wie ein Hauch als ob jemand auf deine nasse Haut bläst. Du schauderst, aber dann wirst du abgelenkt und vergisst.

Aber die Kälte hört damit nicht auf. Sie ist hinterlistig und gemein während sie durch deine Haut dringt, deine Muskeln versteift und Schmerzen verbreitet. Zittern ist keine Entscheidung mehr sondern ein muss. Du hast keine Wahl. Das ist der Moment wo du Angst hast einzuschlafen und an Unterkühlung zu sterben. Wenn du aufspringst und deine Arme wie Windmühlen drehst um das Schneewasser in deinen Adern in Bewegung zu bringen.

Wann immer mir so kalt wurde, dachte ich an zu Hause. Ich konnte nicht dafür. Mutters Suppe fiel mir ein, der rot-glühende Herd mitten im Winter. Die Luft in unserer Wohnung war erfüllt von angenehmer Wärme, den im Ofen brennenden Dachbalken, die wir von zerbombten Häusern geplündert hatten.

Ich hatte angenommen, es sei nach dem Angriff letzten November, als Solingen niederbrannte, mühsam gewesen. Ich war wütend über die viele zusätzliche Arbeit, das Reparieren des Dachs und der Fenster, das beschwerliche Schleppen von Wassereimern.

Jetzt wusste ich, dass selbst das Wenige das wir behalten hatten, Behaglichkeit gewesen war. Mutter und Siegfried lebten. Ich hatte im Bett geschlafen und am Tisch gesessen.

Hier draußen im bergischen Land, dass ich immer geliebt hatte und wie die Gassen in meiner Nachbarschaft kannte, fühlte ich mich verloren, ein Landstreicher, der von den Launen eines verrückten Diktators abhängig war.

Noch etwas fiel mir auf – die Beschaffenheit der Zeit verwandelt sich. Im Elend verlangsamt sich die Zeit. Jede Minute zieht sich, eine Stunde wird zu vier und ein Tag verlängert sich zu einer Woche. Deine Gedanken drehen sich im Kreis und vernebeln deine Wahrnehmung.

Am zwanzigsten Tag fanden wir einen gefrorenen Vogel, eine Taube mit grauweißen Federn und trüben Augen.

»Meinst du, die ist noch gut?« Helmut stocherte mit einem Ast an dem steifen Körper herum.

Ich bückte mich und sog die Luft ein: nichts als Erde und vermodernde Blätter. Der Körper der Taube war intakt. »Lass uns ein Feuer machen und es ausprobieren.«

Da wir uns auf einem Abhang, der ein Waldstück mit Fichten übersah, befanden, steuerten wir unter die Bäume um unser Feuer besser zu verstecken.

Der Vogel war hart wie ein Eisklotz und wir legten ihn auf einen Stein neben die Flammen. Zum Glück gab es wenig Rauch weil das Unterholz jede Menge trockene Zweige enthielt.

»Wie das wohl schmeckt?«, murmelte ich während ich die Taube mal wieder umdrehte. Ihr Kopf und Hals waren jetzt weich und schienen eigentümlich abgewinkelt.

»Ich nehme sie jetzt aus« sagte Helmut. »Habe meinem Vater immer mit den Kaninchen geholfen«, fuhr er mit geistesabwesender Stimme fort.

Ich sah dabei zu wie Helmut den Vogel auf den Rücken legte und vom Hals bis zum Bauch aufschlitzte. Innereien quollen aus dem Schnitt. Ich schluckte und beschäftigte mich mit dem Feuer.

Helmut rieb sich die Hände mit Fichtennadeln, dann schnitt er Kopf und Füße ab. »Ich glaube, sie ist in Ordnung.«

Erleichtert schnitzte ich einen Zweig spitz und spießte den Vogel auf, versuchte dabei nicht an Maden und Würmer zu denken, die vielleicht im Innern der Taube umherkrochen.

»Woran sie wohl gestorben ist?«, sagte Helmut während wir uns abwechselten, die Taube über das Feuer zu halten. Die Luft stank nach schmelzenden und brennenden Federn.

»Sie war Greisin?«

»Eine Urgroßmutter.«

»Genau.«

Helmut starrte mich an und dann verwandelte sich sein Ausdruck langsam in ein Lächeln. Ein Kichern stieg in meinen Hals, so ungewohnt, und doch so gut. Helmut fiel ein und bald lachten wir so heftig, dass unsere Rippen stachen und Helmut nach Luft rang.

Das Aroma des bratenden Fleischs stoppte uns. Unser Blick fiel auf die Taube als wären wir hypnotisiert. Ich konnte nicht wegschauen, mein Mund voller Spucke. Ich wollte das Ding vom Spieß reißen und hineinbeißen. Es brauchte meine ganze Selbstbeherrschung auf dem Baumstumpf sitzen zu bleiben.

»Komm schon, sei endlich fertig.« Wie üblich wiederholte Helmut meine Gedanken.

Ach Hunger, du gemeiner Bruder. Immer bist du da, immer quälst du. Hatten wir nicht schon genug Sorgen? Doch Russen und Amerikaner, die SS und diverse Fanatiker verblassten im Vergleich zum leeren Magen. Gewissermaßen war Hunger ein mächtigerer Feind als Menschen und ihre Waffen. Wie die Kälte war er hinterhältig und leise. Immer präsent, immer in unseren Gedanken verursachte er Schmerzen an Stellen, die du nicht kanntest. Hunger schob Logik zur Seite, auch unsere Vorsicht, die wir so dringend brauchten. Er würde uns fast unser Leben kosten.

Vorsichtig schnitt Helmut den Vogel in zwei Hälften

und wir schlemmten.

# DREIUNDZWANZIGSTER TAG

Das Licht verblasste und wir hatten immer noch keinen passenden Platz zum Schlafen gefunden. Normalerweise untersuchten wir potentielle Stellen bei Tageslicht: nicht zu nah am Weg oder einer Straße, möglichst flach und idealerweise ohne Dornen.

Aber unsere Vorsicht ließ nach. Ich tagträumte oft um der nagenden Rage in meiner Mitte zu entkommen. Wenigstens regnete es nicht und der mit Tannennadeln bestreute Waldboden dämpfte unsere Schritte. Die Luft war würzig mit Harz und ich atmete tief.

»Verdammt, ich sehe nicht mal einen Jagdstand«, sagte Helmut über seine Schulter. Er ging ein paar Schritte vor mir, seine Stimme tiefer als sonst, obwohl er noch dünner geworden war.

»Oder eine Scheune.«

»Wir müssen uns beeilen – «

»In diesem blöden Unterholz kann man nicht mehr als drei Schritte sehen.« In der Tat war dieser Teil des Waldes nicht von frierenden Menschen leergesucht – Zweige, Büsche und Brombeeren zerrten an unseren Jacken. Das Gelände fiel stetig ab und endete in einem schmalen Tal. Irgendwo da unten plätscherte Wasser.

Das bedeutete hoffentlich menschenleer. Es bedeutete

Sicherheit, aber es hieß ebenfalls, dass es nichts zu essen gab.

Wir kletterten über ein paar gefallene morsche Baumstämme als ich ein Grollen hörte.

»Wruff, wruff.«

Helmut blieb stockstill und drehte sich nach mir um. Weiße Atemwolken stiegen zwischen uns auf. Ich schüttelte den Kopf. Im schwindenden Licht konnte ich nicht sagen woher das Geräusch kam. Meine Gedanken beschleunigten sich. Gab es da eine Straße, die wir übersehen hatten, Scharfschützen...die SS? Blut rauschte in meinen Ohren und meine Handflächen wurden feucht. Helmuts Gegenwart hielt mich aufrecht, reduzierte die Panik in meinen Knochen.

Über uns murmelten Zedernäste, aber der Wald hielt den Atem an – die Stille jetzt absolut.

»Was *war* das?«, flüsterte Helmut.

Ich zuckte die Schultern. »Schnell da runter, bevor es ganz dunkel wird.«

Als wir von den Baumstämmen sprangen, ging die Hölle los. Schrilles Quieken mischte sich mit tiefem Grunzen. Zwischen zwei Bäumen, nicht mehr als drei Meter entfernt, brach eine Bache hervor. Im Zwielicht war sie fast unsichtbar, ihr graues Fell zottelig, ihre winzigen Augen auf uns gerichtet.

»Hau ab«, schrie Helmut, die Furcht in seiner Stimme war fast so erschreckend wie die wütende Sau.

*Wohin*, wollte ich sagen, aber es war zu spät. Die Bache überrannte mich mit solcher Wucht, dass ich auf den Boden knallte. Nasse Blätter schlugen mir ins Gesicht, gefolgt von gleißendem Schmerz. Meine Wade explodierte und lautes Stöhnen füllte meine Ohren – mein Stöhnen.

Ich weiß nicht ob mein Gejammer oder Helmuts ohrenbetäubende Schreie die Bache verjagten. Er hatte sich auf den umgefallenen Baumstümpfen in Sicherheit gebracht und stand da wie eine Erscheinung mit den Armen wedelnd. Trotz meiner Schmerzen, trotzdem ich mir wie ein Waschlappen vorkam, sah er zum Schreien komisch aus.

Ich wollte lachen, aber in dem Moment kroch der

Schmerz den Oberschenkel hinauf und nach unten in meine Zehen.

*Die Bache hat mich gebissen...durch meine Hose und Socken gebissen.* Es war weitaus schlimmer als der Stacheldraht, der mir vor Jahren ein Loch ins Schienbein gerissen hatte.

Helmuts Gesicht erschien über mir. Er war bleich, der Flaum auf seiner Oberlippe schimmerte feucht.

»Sie ist weg«, keuchte er. »Sie hatte Junge. Wir haben sie erschreckt.« Ich folgte seinem Blick zu meinem Unterschenkel, wo sich ein dunkler Fleck ausbreitete.

»Verdammt.« Ich setzte mich mühsam auf und starrte auf mein Bein. Der Fleck war längst nicht so schlimm wie die brennende, pochende Qual in meinem Körper. Helmut hob vorsichtig das zerfetzte Hosenbein an. Selbst die sanfte Berührung ließ mich an die Decke gehen. Ich keuchte, mein Hals mit einem Mal trocken und schmerzhaft.

»Halt still«, sagte er. In der zunehmenden Dunkelheit konnte ich die Wunde nicht gut sehen, doch der Stoff darüber färbte sich immer mehr ein. »Du musst zum Arzt.« Helmuts Stimme war leise, doch hörte ich seine Sorge so deutlich, als hätte er geschrien. Das machte mir mehr Angst. »Vielleicht brauchst du eine Spritze, vielleicht muss das genäht werden.«

Ich sah mich mit Schaum am Mund am Boden liegend. Vielleicht hatte die Bache Tollwut.

Ein Grunzen entkam mir, eine Mischung aus Lachen und Schluchzer, denn die Panik und das Klopfen im Bein wuchsen – überschatteten selbst meinen Hunger.

»Jetzt habe ich endlich ne Entschuldigung,« sagte ich.

»Was?« Helmut klang entnervt.

»Ich meine, wenn sie mich fragen, warum wir nicht nach Marburg gegangen sind.«

Helmut murmelte sich was in den Bart und streckte die Hand aus. »Komm, ich helfe dir.«

Als ich mich aufrichten wollte, schwoll der Schmerz. Es war ein lebendiges Ding mit einem Puls als hätte es sein eigenes Herz. Gewicht auf das Bein zu verlagern machte alles noch schlimmer. Ich dachte an den Soldaten mit dem fehlenden Arm, dem wir geholfen hatten, Holz zu schneiden. Den Arm zu verlieren musste ungleich schwerer sein.

Wir stolperten vorwärts, jeder Schritt war eine Herausforderung. Die zunehmende Dunkelheit machte alles zum Ratespiel. Wohin gingen wir, wo war überhaupt ein Haus? Meine Wade krampfte und brodelte. Vor uns wurde der Bach lauter.

Er war klein und doch kam er mir vor wie der Rhein, ein riesiges Gewässer, dessen andere Seite man nur mit viel Glück erreichen konnte. Normalerweise wäre ich einfach drüber gesprungen, aber jetzt zog ich den Fuß durchs Wasser. Eisige Kälte vereinigte sich mit dem Schmerz.

Als ich stolperte, fühlte ich Helmuts stützenden Arm auf meiner Seite. Er keuchte ebenfalls, weil ich so schlapp war und mich ziehen ließ. Als wir den Hügel auf der anderen Seite erklommen hatten, war es dunkel. Im Schein einer schmalen Mondsichel lag vor uns ein Weg.

*Lasst sie uns doch erwischen. Dann könnte ich mich wenigstens hinlegen.*

Ich weiß nicht wie lange wir so daher humpelten. Helmut was ebenfalls müde, die vielen Wochen ohne vernünftige Verpflegung hatten ihn genau wie mich ausgelaugt.

Irgendwann sahen wir Licht. Dann kam ein weiteres dazu, dann noch eins. Es war keine Stadt, nicht mal ein Ort, eher ein Dorf.

Helmut half mir bis zur Hauswand eines Gebäudes wo ich mich anlehnte. Dann klopfte er deftig an. Im Eingangslicht schimmerte die Tür hellgrün. Es musste ein positives Zeichen sein.

Vom Gespräch mit dem Hausbewohner hörte ich nichts, meine Konzentration dem Schmerz gewidmet, der meinen Körper in seinen Bann zog. Ich konnte nicht mehr, wollte liegen und in Ohnmacht fallen.

Ein Schatten erschien, dann ein weiterer und ich wurde aufgehoben.

»Wir legen ihn in das Anbauzimmer«, sagte eine weibliche Stimme. »Ich hole den Arzt.«

Ich kann nicht sagen, ob fünf Minuten vergingen oder eine Stunde, aber irgendwann stand an meinem Bett ein älterer Herr. Er beugte sich über mein Bein, fragte dann nach mehr Licht und einem Kissen, bevor er mich auf die Seite rollte und mein Bein abstützte.

Dann wollte ich nur noch schreien, fühlte wie mir der Schweiß auf die Stirn trat und meine Achseln überflossen. Die Wand vor meiner Nase war weiß mit winzigen grauen Flecken wie die Fußabdrücke winziger Füße. Darauf konzentrierte ich mich.

»Das muss ausgewaschen werden«, sagte der Mann.

»Hier, beiße da drauf.« Ein Stück Holz erschien vor meinen Augen und ich steckte es zwischen die Zähne. Dann folgte ein Waschlappen, der mir die Stirn kühlte.

Im nächsten Moment wollte ich mein Bein nicht mehr. Etwas Brennendes bohrte in meine Wade, breitete sich in mir aus, eine Art Feuer dass immer heißer brannte. Ich wollte treten ... den Schmerz wegkatapultieren. Aber etwas hielt mich fest. Ich sah nichts mehr weil meine Augen mit Tränen gefüllt waren, die an meiner Nase vorbei ins Kissen rollten.

Oh, wie ich mir wünschte in einem Bett zu schlafen. Nur nicht in diesem Bett. Nicht so.

»Das müsste reichen«, sagte dieselbe Stimme. »Ich nähe zu.«

Etwas zupfte und quietschte leicht. Mein Kopf war mit Watte gefüllt, aber das Geräusch war so laut wie die live band in der ich vor hundert Jahren Akkordeon gespielt hatte.

Ich muss weggenickt sein, denn als ich erwachte, sickerte graues Licht durchs Fenster. Mit einem Schlag erinnerte ich mich an gestern Abend, das schreckliche Geräusch an meiner Wade, den Angriff der Bache.

Mein Bein pochte stumpf, aber nicht annähernd so schlimm wie letzte Nacht. Ich lag unter einem Federbett auf der Seite, mein Körper warm und entspannt. Das Zimmer selbst war eisig und meine Wangen kalt.

Ich bewegte vorsichtig mein Bein. Es war bis auf die Bandage nackt – sie hatten mir die Hose ausgezogen. Ich wackelte mit dem Zeh. Nicht übel. Aber als ich versuchte, meinen Knöchel zu bewegen, erwachte der Schmerz ebenfalls.

Ich lehnte mich stöhnend zurück.

»Bis du wach?« Helmuts schläfrige Stimme erhob sich vom Boden. Sekunden später beugte er sich über mich. Seine Haare standen in alle Richtungen. »Der Doktor sagt, es wird eine hässliche Narbe bleiben, aber du hast Glück gehabt.«

Trotz des Schmerzes musste ich lächeln.

# SIEBENUNDZWANZIGSTER TAG

Wir blieben vier Tage bei der netten Frau. Sie besserte unsere Hosen aus und teilte ihre knappen Vorräte mit uns. Aber wir sorgten uns wegen der Nachbarn. Der Doktor, der sich als pensionierter Tierarzt entpuppte, kam zweimal um die Wunde zu begutachten. Zuerst roch er wie ein Bluthund an meinem Bein, dann wechselte er den Verband. Ich sollte die Fäden nach weiteren sechs Tagen entfernen lassen.

Zurück im Wald verlor ich bereits nach einem Tag den Überblick. Alles war wie vorher, alles verschmolz in der Kälte, den tuschelnden Zweige über uns, der Ungewissheit und den endlosen Wanderungen.

In den ersten drei Wochen hatte ich jeden Tag gezählt, aber die Eintönigkeit unserer Wanderschaft weichte mein Hirn auf.

»Jetzt sind's schon vier Wochen«, sagte Helmut, als ob er meine Gedanken gehört hätte.

Wir versteckten uns in einer verlassenen Scheune, deren Wände halb eingefallen waren.

»Was meinst du, was dieser Rolf gerade tut?«

»Gute Frage.« Ich inspizierte meine Fingernägel. Sie erinnerten mich an den Schornsteinfeger, der mit Ruß gepudert zweimal im Jahr unser Haus besuchte, um den

Kohlenstaub zu entfernen. Das war in einem anderen Jahrhundert gewesen.

»Ich glaube, wir haben einen Fehler gemacht.« Helmut vermied meinen Blick. »Ich meine, nicht da runter zu gehen.«

»Weiß nicht.« Ich stellte mir vor, wie meine Mitschüler in Applaus ausbrachen, als Rolf Schlüter, seine Brust mit Medaillen behangen, ins Klassenzimmer marschierte. »Ich hasse es, dass wir keine Informationen bekommen«, murmelte ich.

»Was ist, wenn der Krieg noch ein Jahr andauert?«

Ich verzog das Gesicht und sprang auf die Füße. »Ich weiß es nicht.«

Ich war alles so leid. Ich war es leid, dass Helmut die Fragen und Zweifel aussprach, die ich selbst hatte und nicht beantworten konnte. Ich war es leid, hungrig zu sein, aber vor allem war ich es leid, mich ständig zu fürchten.

»Warum sendest du Hitler nicht einen Brief und fragst ihn, was er vorhat?«, höhnte ich. Die Wut drückte mir die Luft ab wie im Bunker.

»Ich mein ja nur, ich kann so nicht weiter. Meine Beine tun weh und meine Zehen sind voller Blasen.« Helmuts Stimme bebte.

»Wir müssen aber.« Ich boxte gegen die raue Holzwand der Scheune, begrüßte den sofortigen Schmerz in meiner Faust. »Wie oft kannst du dir den Knöchel verstauchen? Es ist zu spät, uns jetzt noch in Marburg sehen zu lassen ... selbst mit meiner Beinwunde.« Der Biss war gut verheilt und ich lief wieder einigermaßen normal.

»Du bist schuld«, knurrte Helmut. Er begann, mit glühenden Wangen in dem leeren Schober auf- und abzugehen. »Wir hätten uns melden sollen. Warum habe ich auf dich gehört?« Er warf die Arme hoch und baute sich schlagartig vor mir auf. »Du hast gesagt, der Krieg sei bald vorbei. Aber das ist er nicht. Was ist, wenn Hitler gewinnt?«

»Tut er nicht.«

»Woher weißt du das?«

»Du hast doch selbst gehört, was die Männer gesagt

haben.«

»Männer sagen viel. Viele haben versucht ihn umzubringen. Er hat immer überlebt. Vielleicht ist er unsterblich.«

»Er ist wie andere Menschen, allerdings wahnsinnig.«

»Warum gibst du nicht zu, dass du dich geirrt hast?«

Ich zuckte mit den Schultern. Vielleicht hätte ich es sogar getan, aber so wütend, wie Helmut aussah, und den geballten Fäusten nach zu urteilen, würde ich es jetzt ganz gewiss nicht aussprechen.

»Hätten wir und sollten wir«, zeterte ich stattdessen, indem ich seinen Tonfall nachäffte.

»Du hättest genauso gut abdrücken können.« Helmut sackte auf einen Haufen schimmeliges Stroh. »Es ist nur eine Frage der Zeit, bis die SS uns findet. Oder die Gestapo oder einer ihrer Spione.«

»Halt's Maul. Halt doch einfach das Maul«, brüllte ich. »Ich hab dein Jammern satt. Dann geh doch zurück und ergib dich.«

Ich wollte nicht zugeben, dass ich das Gleiche dachte. Meine eigenen Beine schmerzten. Mein Magen krampfte die meiste Zeit vor Leere und ich fühlte mich von permanenter Dunkelheit umgeben.

Helmut ging nicht, aber danach sprachen wir nicht mehr miteinander. Wir richteten uns jeder nach dem anderen, hielten zum Pinkeln oder um Pause zu machen. Aber wir sahen uns nicht an und schwiegen, obwohl ich mich dabei ertappte, Helmuts Atmung und Seufzern zu lauschen, der Art, wie er sich räusperte.

Und mit jedem Tag waren wir mehr erschöpft, bis unser Gang dem von alten Männern glich, die durch den Wald schlurften. Wir rasteten oft, aber das kühle Wetter hielt noch an, auch wenn es nicht mehr gar so eisig war, und wir mussten uns bald wieder in Bewegung setzen. Ein paar Mal riskierten wir ein Feuer. Das feuchte Holz schwelte und produzierte wenig Hitze. Ich sorgte mich, man könnte den Rauch sehen.

Mehr und mehr Kolonnen verstopften die Straßen. Einfache Landser schlängelten sich in endlosen Strömen. Ich hatte kaum noch Angst vor ihnen, weil klar war, dass sie wenig mit der SS und Gestapo zu tun hatten.

»Geht nach Hause, Jungs«, flüsterten sie, wenn wir vom Straßenrand zuschauten. »Wir haben keine Munition mehr. Die Amerikaner sind schon ganz nah.«

*Wie nah?*, wollte ich schreien. *Wie lange dauert dieser Krieg noch?* Aber ich nickte nur, zu ängstlich, mich auf eine Diskussion über unsere Wanderungen einzulassen, zu ängstlich, Helmut anzusehen. Wir beobachteten Frauen, die Schubkarren mit Haushaltsgütern transportierten, alte Männer mit Koffern und Kindern. Alle sahen hungrig und angsterfüllt aus.

## ZWEIUNDDREISSIGSTER TAG

Am zweiunddreißigsten Tag unserer Wanderung waren wir endlich mutig genug, auf einem der deutschen Militärwagen mitzufahren. Oder besser gesagt: Ich bewegte mich zur Kolonne und hoffte, Helmut würde folgen.

»Jungs, springt rauf«, sagte einer der vorbeigehenden Soldaten.

Also kletterten wir auf einen der offenen Lastwagen und ließen unsere Beine über die Kante schwingen.

»Siehst du den Wagen hinter uns?«, schrie ich über den Motorenlärm, irgendwie ermutigt durch unsere Fahrt.

»Nein, warum?«, rief Helmut zurück. Sein Blick hing an einem der Soldaten, der sich am Straßenrand niederfallen ließ. Die Stiefel des Mannes waren kaputt und er war dabei, einen auszuziehen. Die Socke darunter war mit Löchern gespickt.

»Er ist bis zum Dach mit Essen beladen. Du weißt schon, mit diesem kantigen Soldatenbrot.«

»Kommissbrot?«

»Wir sollten danach fragen.«

Bei der langsamen Fahrt war es einfach, von der Plattform zu springen. Nachdem ich zwei Fahrzeuge passiert hatte, bemerkte ich einen Soldaten, der mit einem Gewehr an der Seite eines Wagens lief. Der musste es sein. Tatsächlich war der Provisionswagen bis zum Faltdach mit dunklen, rechteckigen Laiben vollgepackt.

»Können Sie ein paar Brote erübrigen?«, fragte ich und dachte dabei, wie gut es getan hatte, Helmuts Stimme zu hören.

Der Soldat, kaum älter als wir, schoss mir einen einschätzenden Blick zu. »Zwei Brote. Aber wir halten nicht für dich an.«

Ich beäugte den hohen Wagen mit seiner Last, die breiten Reifen, die mich zermalmen konnten.

»Ich warte. Vielen Dank.« Dann schrie ich zu Helmut hinüber: »Wir können welche haben, aber wir müssen warten, bis sie anhalten oder langsamer fahren, damit ich raufklettern kann.«

Helmut nickte und sah dann wieder in die Ferne, die vertraute Sorgenfalte zwischen den Brauen.

Als die Straße steil anstieg, verlangsamte sich die Kolonne zum Schneckentempo. Die Wache nickte und ich zog mich an der Rampe hoch. Zwei Laibe verschwanden in meinem Hemd. Obwohl Kommissbrot trocken und hart war, würden die darin enthaltenden Nährstoffe aus dem Roggen, dem Weizen und dem Kraut unsere Mägen beruhigen. Selbst wenn die Gerüchte stimmten, dass der Teig inzwischen Sägemehl enthielt.

Irgendwo brüllte jemand und ich sah auf. Wie in einem Film sprangen entlang der Kolonne Soldaten in die Gräben oder verschwanden im angrenzenden Wald.

Ein Brummen wurde rapide lauter, als ob jemand ein gigantisches Hornissennest aufgestört hätte. Graue Flecken erschienen am Horizont und wuchsen schnell – eine Staffel niedrig fliegender Feindflugzeuge. Bevor ich Zeit hatte, zu reagieren, explodierten Maschinenpistolenfeuer. Die hinteren Wagen verschwanden in einer Staubwolke.

Panik stieg in mir auf, ein Adrenalinstoß traf mich wie eine Faust. Ich war ausgeliefert, befand mich drei Meter hoch über der Straße und gab ein perfektes Ziel ab. Da war weder Zeit, herunterzuklettern, noch Helmut auf dem anderen

Laster zu finden.

Ich sprang – besser gesagt, ich flog – und rollte in den Graben, während der Himmel sich über mir verdunkelte. Geschosse zerfledderten den Brotwagen, durchschlugen Planen und Metall mit Leichtigkeit. Ich bedeckte meinen Kopf mit den Händen und lag still, ließ das ohrenbetäubende Getöse über mich ergehen. Mein rechter Knöchel klopfte. Ich konnte nur hier liegen und warten und hoffen, dass die Kugeln und Schrapnelle mich nicht fanden.

Als die Detonationen verklungen waren, setzte ich mich auf. Mein Kopf schwamm, meine Ohren waren wie taub. Ich sah an mir hinunter, um nach Blut zu suchen, denn in dem Moment konnte ich meinen Körper nicht spüren. Meine Kleidung war in Ordnung. Nichts war kaputt.

Nach und nach nahm ich wieder Geräusche wahr. Laute menschlicher Qualen drangen zu mir herüber — Männer weinten und stöhnten. Mein erster Impuls war, mich davonzumachen. So weit und schnell, wie meine Beine mich tragen konnten.

Doch bevor ich diesem Drang nachgeben konnte, erinnerte ich mich an Helmut und kalte Panik ergriff mich. War er verletzt? Vielleicht sogar tot? Meine Hände zitterten so stark, dass ich sie nicht kontrollieren konnte. Ich blickte die Straße hinunter. Soldaten lagen verstreut zwischen liegengebliebenen Fahrzeugen wie weggeworfene Puppen. Die meisten lagen still.

Ich erkannte die freundliche Wache neben dem Proviantwagen. Er lag auf dem Rücken, seine Augen standen weit offen und starrten in den Himmel. Sein Helm war weggeflogen und die Schädeldecke lag offen. Rotgraue Gehirnmasse sickerte in den Boden.

In der Nähe des Grabens lag ein anderer Mann auf der Seite und weinte. »Hilf mir«, bat er. Die Vorderseite seines Mantels lag zerfleddert auf dem Boden, ich konnte seine Gedärme sehen. Ich versuchte, wegzuschauen, aber der Mann starrte mich an. Da ich mich im Graben befand, waren wir auf Augenhöhe.

Der Soldat hatte blondes, um die Ohren kurz rasiertes Haar, seine Brauen glichen blonden Raupen, die nicht zu den rötlichen Bartstoppeln passten. Blut gurgelte aus seinem Mund, und er spuckte, als ob er unter Wasser wäre. Schließlich wurde er still, sein Blick starr.

Wie in Trance kletterte ich aus dem Graben. Ich musste Helmut finden. In meiner Verwirrung konnte ich mich nicht mehr daran erinnern, wo ich ihn gelassen hatte. Mein Herz raste schneller als bei den Rennen in der Schule. Ich eilte die Straße entlang, wendete mich hierhin und dorthin, suchte die Umgebung ab. Ich erkannte den Laster, auf dem wir gefahren waren. Jetzt lag er zusammengebrochen auf der Straße, von Maschinengewehrsalven zerschossen. Die hölzerne Plattform war von Holzsplittern übersät, die Reifen waren platt. Helmut war nicht zu sehen.

»Helmut?«, schrie ich.

Soldaten rannten umher und brüllten Befehle, untersuchten Verletzte und Tote. Ich sauste um den zusammengebrochenen Wagen. Überprüfte den Graben. Kein Helmut.

Mit jedem Schritt wuchs in mir die Überzeugung, dass Helmut tot und dass ich allein war, eine Insel inmitten der verzweifelten Aktivitäten. Bis ich nicht mehr weitergehen konnte und im Chaos stehenblieb. Mein Kopf war leer, mein Leib gelähmt.

»Günter?« Helmuts Stimme driftete durch den Nebel. »Hier drüben.«

Ich drehte mich um und sah verblüfft, wie Helmut auf mich zurannte. Lehm klebte auf seiner rechten Wange, ein grimmiges Lächeln lag auf seinen Lippen. Es war das erste, das ich seit Wochen gesehen hatte.

»Ich bin in Ordnung«, sagte er.

Ich grinste zurück, blickte dann zum Himmel hinauf. »Lass uns abhauen. Vielleicht kommen sie wieder.«

Wir schlüpften in den Wald, die Brote sicher unter den Jacken verstaut. Irgendwann machten wir halt und ich bat Helmut die Fäden aus dem Bein zu ziehen.

In der Nacht traf ich den Mann mit den rötlichen Bartstoppeln. In meinem Traum setzte sich der Soldat hin und zog meterlange Gedärme aus seinem Bauch. Er lachte irr, als er sie auf der Straße aufhäufte.

Ich wachte auf. Mein Gesicht war verschwitzt und eiskalt. Neben mir lag Helmut unter seiner Decke. Nur ein paar sandig-blonde Haarsträhnen schauten hervor. In dem Moment war ich ungemein dankbar dafür, meinen Freund in Sicherheit zu wissen. Ich wollte hinüberlangen und seine Schulter berühren, ihm sagen, wie egal es war, was kam, solange wir nur zusammenhielten. Es war das einzig Wichtige, das Einzige, was Hitler uns nicht nehmen konnte.

Ich setzte mich auf und brach ein Stück Brot ab. Es schmeckte metallisch, als sei es mit Blut befleckt.

# VIERZIGSTER TAG

Unsere Reise dauerte nun schon über fünf Wochen. Nachdem wir wieder nichts als verschimmelte Kartoffeln in einem verlassenen Feld gefunden hatten, erreichten wir ein Dorf, etwa sechzig Kilometer von zu Hause entfernt. Ein Gasthof schien das einzig offizielle Gebäude zu sein. Egal, wie klein ein Ort war, es gab immer mindestens ein Wirtshaus.

Da es hier keine Industrie gab und das Dorf in den Hügeln verborgen lag, war es vom Krieg scheinbar verschont geblieben, zumindest nach allem, was wir sehen konnten. Häuser und Scheunen waren unbeschädigt. Selbst der Kirchturm mit seiner Bronzeglocke, den weißgekalkten Wänden und einem schlichten Glasmosaikfenster war intakt. Mehrere Wehrmachtswagen parkten zweihundert Meter entfernt auf der schmalen Straße.

»Meinst du, die Leute dort geben uns was zu essen?«, fragte Helmut, doch in seiner Stimme schwang kein Fünkchen Hoffnung mit.

Hinter den Fenstern des Gasthofs zum Löwen leuchteten einladend warm-gelbe Lichter. Das leckere Aroma gerösteten Fleisches erreichte meine Nase und ließ mir das Wasser im Mund zusammenlaufen.

Mein Kopf drängte mich, weiterzuziehen, doch mein Magen schlug Purzelbäume und verlangte Befriedigung. Gestern hatten wir eine Handvoll verschrumpelter Zwiebeln vom letzten Jahr gefunden und ausnahmsweise ein Feuer riskiert. Die Zwiebeln verschlangen wir halb gar und verkohlt.

»Warte hier, ich gehe rein.«

Ich trat auf die Straße. Kein Mensch war in der Nähe, obwohl ich annahm, dass die Wagen gut geschützt waren. Gegen meinen sinkenden Mut ankämpfend, schlüpfte ich in den Gasthof.

Mit den niedrigen Decken und dunkel getäfelten Wänden wirkte der Raum erstickend wie ein Bunker. Dicker Rauch hing in der Luft. Nach der Helligkeit der Abendsonne blinzelte ich in der Düsternis.

Ein fetter Mann in schwarzem Hemd und fleckiger blauer Schürze stand hinter dem Tresen und wischte Bierflecken weg. Der Geruch von etwas Saurem mischte sich mit dem Gestank abgestandenen Alkohols. Ich fragte mich, wie der Mann Essen und Getränke servieren konnte, wo wir doch schon seit Jahren hungerten.

Besorgt, ich könnte das letzte bisschen Zuversicht verlieren, trat ich an die Theke. Zu spät bemerkte ich die grauen Militärjacken.

Ich hätte die Abzeichen überall erkannt: ein gezacktes Doppel-S am Kragen, Ärmelbänder und Mützen: SS-Offiziere. In mir stieg die Erinnerung des Totenkopfmannes auf, die kalte Miene mit der er den Abmarsch angeordnet hatte, obwohl Soldaten unter seinem Kommando schwer verletzt gewesen waren.

Drei Männer besetzten Stühle an der Seite der Bar, rauchten und sprachen lautstark. Vor ihnen stand eine Kollektion leerer Gläser. Ich fluchte innerlich, mein Hunger war vergessen.

Zu meinem Entsetzen wurde es plötzlich still im Raum.

»Was kann ich dir geben?«, fragte der Wirt. Seine tiefliegenden Augen wirkten wie schwarze Rosinen in den Falten seines teigigen Gesichts.

Ich leckte mir die Lippen, schimpfte innerlich mit mir für meine Nachlässigkeit. Warum hatte ich nicht zuerst durch die Fenster gesehen? Jetzt war es zu spät. Ich war inmitten eines Albtraums gelandet.

Wenn ich das jetzt vermasselte, war es vorbei. Ich *musste* selbstbewusst auftreten.

»Mein Freund und ich suchen nach einer kleinen Mahlzeit«, sagte ich und zwang mich, tief Luft zu holen, um bestimmt weitersprechen zu können. »Wir haben kein Geld, aber wir können arbeiten.«

»Wieder ein Bettler«, wandte sich der Wirt mit einem Scheingrinsen an die Offiziere.

Die Männer in der Ecke ignorierend, schüttelte ich den Kopf. »Wir arbeiten für alles.«

»Lass ihn aussprechen«, sagte einer der Offiziere.

»Was kannst du denn für mich tun?«, fragte der Wirt in gleichgültigem Tonfall.

»Spülen«, stammelte ich, »oder Holz hacken oder … Wir können Sachen reparieren. Ich kann vieles wieder richten.« Ich sah mich nach Beschädigungen um. Die Wände begannen, sich zu drehen, ganz so wie mein Magen.

Die Stille wuchs. Die Blicke der Offiziere bohrten sich wie glühende Nägel in meine Brust.

Einer der Männer beugte sich vor. »Und wie sieht es mit dem Reparieren unseres Landes aus?«

Der Offizier daneben prustete. »Da braucht es mehr als Hammer und Nägel.«

Ich bemerkte, dass der dritte Mann nicht in das Lachen eingestimmt hatte. Er sah verärgert aus. Seine Augen glitzerten kalt wie ferne Gestirne. Unsicher, was ich tun sollte, und bange, dass sie mir noch mehr Fragen stellen würden, stammelte ich weiter: »Wir können zuerst arbeiten und dann geben Sie uns nachher was zu essen, als Bezahlung.«

Warum hielt ich nicht die Klappe und ging? Die SS und ihre offensichtliche Arroganz verhießen nichts als Ärger oder Schlimmeres. Trotzdem stand ich wie angewurzelt inmitten des Gastraums, und die Offiziere begannen zu flüstern.

Zu meinem Entsetzen stand einer von ihnen auf und kam auf mich zu. »Kommen Sie schon, Herr Wirt. Geben Sie dem jungen Mann eine Chance.«

Ich sah zweimal hin, mein Hals wurde schlagartig trocken. Der Offizier sah wie eine ältere Version von Vogelnest aus, dem Jungen, der mich vor gefühlt tausend Jahren in der HJ gequält hatte. Er hatte die gleichen an den Seiten rasierten blonden Haare, während ein Tuff heller Locken auf seinem Kopf thronte. Ich war mir nicht sicher, immerhin waren fünf Jahre vergangen. Aber für einen Moment fragte ich mich, ob Vogelnest mich erkennen würde.

»Hier, ich zahl sein Essen.«

Der Mann warf zwanzig Reichsmark auf den Tresen. So viel Geld hatte ich schon eine ganze Weile nicht mehr gesehen.

Der Wirt grummelte vor sich hin, nahm aber den Schein. »Holst besser deinen Kameraden. Sieht so aus, als hättest du einen Freund gewonnen.«

»Bin gleich wieder da«, würgte ich hervor.

Jetzt war meine Chance, mich dünn zu machen. Ich drehte auf dem Absatz um und rannte nach draußen, wo ich mit Helmut kollidierte, der vor der Tür wartete. Ich versuchte, meine aufsteigende Panik zu kontrollieren, und blinzelte Helmut wild zu, zornig auf mich selbst, dass wir kein Notsignal vereinbart hatten.

»Wie war es?«, fragte Helmut unschuldig. »Ich bin soooo hungrig, ich könnte ein Haus verschlingen.«

»Wir müssen ...«

»Hallo, guten Abend«, sagte hinter mir jemand.

Ich zuckte zusammen. *Luft holen.* Zum Glück kehrte ich der Tür den Rücken zu.

Helmuts Augen weiteten sich, als sich der blonde SS-Mann in der perfekten Uniform und mit seinen perfekt polierten Stiefeln vor uns aufbaute.

»Worauf wartet ihr? Das Essen ist fertig.«

Mein Hals war wie zugeschnürt, sodass ich keinen Ton herausbrachte, doch ich schaffte es, zu nicken. *Renn weg, jetzt sofort*, drängte mein Bauch. *Renn weg und du wirst erschossen*, argumentierte mein Kopf. So oder so waren wir erledigt.

Der Wirt erschien, sobald wir uns in einer Tischnische am Fenster gesetzt hatten, sein riesiger Leib war hinter einer weißen Porzellanschüssel und Tellern verborgen. »Lasst es euch schmecken.«

Ich schluckte und griff nach einem Löffel. Das glänzend dunkle Hirschgulasch roch himmlisch. Ich wollte nichts mehr, als essen, doch mein Magen schlug Saltos vor Angst. Helmut sah so grün aus wie zur Zeit des Pferdehandels. Wir mussten uns normal verhalten, wenn wir keinen Verdacht erregen wollten. Ich nickte kurz und füllte mir den Teller.

Zu meiner Erleichterung kehrte der Wirt zurück und schirmte uns vorübergehend mit seinem fetten Rumpf von den SS-Männern ab. »Brot und Bier, Kulanz eurer neuen Freunde.«

Ich musterte das Glas. Ich wollte betrunken sein, alles vergessen. Aber Alkohol machte leichtsinnig und löste die Zunge.

»Kann ich Krahnwasser haben, bitte?«, fragte ich mit einer mir selbst fremden Stimme.

Ich wusste, dass die Offiziere uns beobachteten, also nahm ich die Gabel und begann, langsam zu essen. Die üppige Sauce explodierte in meinem Mund und katapultierte meine Geschmacksnerven ins Paradies. Das Brot war warm, die Kruste knusprig und duftend. Ich vergaß die Männer und unsere Situation — mein Körper verlangte es.

Unglaublich, wie man so essen konnte, wenn der Kopf bereits in der Schlinge saß.

Ich beobachtete, wie Helmut kaute und schluckte, seine Augen fast überirdisch glänzend. Wir aßen, bis der letzte Tropfen Sauce aufgeleckt und der Brotkorb leer war. Ich lehnte mich zurück und rülpste. Mein Magen krampfte, zum Teil aus kalter Furcht, zum Teil durch zu viel Kost. Warum hatten wir uns keine Ausrede einfallen lassen, um schnell abzuhauen? Ich dachte gerade darüber nach, was ich Helmut unauffällig sagen könnte, als Vogelnest sich an unserem Tisch aufbaute.

»Obersturmführer Kummel. Darf ich mich setzen?«

Es *war* Vogelnest. Ich räusperte mich, hoffte, dass meine Stimme nicht schwankte. »Schön, Sie kennenzulernen.«

»Danke fürs Essen«, ergänzte Helmut. Sein Blick hing etwas zu lange an Kummels blondem Tuff. Helmut hatte den gleichen Schluss gezogen wie ich.

»Wo wollt ihr Jungs hin?«, fragte Vogelnest.

Ich starrte Helmut an, versuchte, zu entscheiden, was ich sagen sollte. Helmuts Wangen waren so bleich wie das Tischtuch.

*Jetzt rede endlich.* »Wir ziehen nach Marburg. Gehen zu Fuß hin.«

»Zeigt mal eure Papiere!« Vogelnests Handfläche hing drohend in der Luft.

Ich mühte mich, die Papiere zu finden. Was, wenn uns der Offizier fragte, wo wir herkamen? Wie sollten wir erklären, dass wir uns nördlich von unserem Ausgangspunkt befanden, wenn Marburg doch viel weiter südlich lag?

Zum Glück streifte Vogelnest nur oberflächlich unsere Ausweise.

»Habt ihr das gehört?«, fragte er an die Offiziere an der Bar gerichtet. »Die beiden reisen nach Marburg.«

»Ach, tatsächlich?« Ein zweiter Offizier kam an den Tisch. »Haben sie den Marschbefehl nach Marburg nicht schon vor Wochen gegeben?« Er kratzte sich am Kopf.

Ich erstarrte. Diesmal würde es keine Liegestütze geben — diesmal würden wir an die Wand gestellt und erschossen.

Zu meiner Überraschung atmete ich noch und spürte noch meine feuchten Handflächen unter dem Tisch, meine eisigen Füße, meine Zehen, die vom Leder meiner Schuhe aufgerieben waren. Warum fiel ich nicht einfach um und verlor das Bewusstsein? Brachte es hinter mich?

»… heute ist euer Glückstag«, sagte der zweite Offizier gerade.

»Warum?«, krächzte ich, aus meiner Benommenheit auftauchend.

Vogelnest drängte sich eifrig dazwischen. »Wir fahren nach Frankfurt. Ihr könnt hinten auf dem Wagen mit.« Vogelnest hielt kurz inne, bevor er fortfuhr: »Harald, glaubst du, wir können einen Abstecher machen und diese feinen jungen Soldaten abliefern?«

Der dritte Offizier, der uns wortlos gemustert hatte, stand auf. »Natürlich.«

Vogelnest, jetzt mit Stolz in der Stimme, meinte: »Ihr werdet sehen, ihr könnt bald unserem Vaterland dienen. Wir brauchen jeden Mann.«

Ich verschluckte mich und hustete. Als ich vom Teller aufsah, ruhten Haralds arktische Augen auf mir. Meinen Mund zum Lächeln zwingend, sah ich Helmut an, dessen Oberlippe zitterte.

»Harald, ist das nicht großartig?«, kicherte Vogelnest.

Aber Harald schwieg und starrte mich weiter an.

»Das ist toll«, brachte ich hervor. »Wann geht's los? Wir sind ziemlich geschafft. Sind den ganzen Tag gelaufen.«

Der zweite Offizier nickte gen Decke. »Wir schlafen oben. Trefft uns hier um fünf Uhr dreißig.«

Vogelnest sprang auf und riss den rechten Arm in die Luft. »Heil Hitler!«

Die anderen Offiziere taten es ihm eifrig nach und auch Helmut und ich hoben den Arm.

»Ein wenig mehr Enthusiasmus, vielleicht?« Harald kam näher, seine Stimme hatte kühl geklungen, fast gelangweilt.

»Ach, lass sie in Frieden.« Vogelnest klopfte seinem Kameraden auf den Rücken. »Sie werden bald genug lernen, was es heißt, Soldat zu sein. Ein paar Wochen Training, anständige Waffen, und sie nehmen es mit den Russen auf.«

Harald nickte, starrte uns aber weiterhin an. Vielleicht entschied er sich gerade, ob er uns erschießen oder in Stücke schneiden wollte.

Ich stand auf, dankbar, dass mich meine Beine nicht im Stich ließen. »Wir ruhen uns besser aus, damit wir für die Reise bereit sind.«

»Ihr könnt hier drüben schlafen.« Der Wirt zeigte auf ein

Seitenzimmer mit Tischen und Bänken. »Es ist hart, aber das seid ihr ja gewöhnt.«

»Wir schlafen gern in Ihrer Scheune«, schlug ich vor. »Wir wollen keine Umstände machen.«

Ich hoffte, wir könnten leichter entkommen, wenn wir draußen blieben. Vor allem, weil es gerade dunkel wurde.

»Nicht nötig, Jungs.« Der Wirt grinste. »Für die zukünftigen Soldaten unseres Vaterlands mache ich gern Platz.«

»Danke«, brachte ich hervor.

Ich musste uns Zeit verschaffen. Wir konnten nicht weglaufen. Das würde sofort Verdacht erregen. Dieser Kerl Harald sah aus, als würde es ihm Spaß machen, uns auf der Stelle zu erschießen.

»Dann müssten wir mal aufs Klo. Haben Sie draußen Wasser?«

Der Wirt zeigte auf die Hintertür. »Da durch und dann rechts. Das Klo ist geradeaus im Garten. An der Wand ist ein Wasserhahn.«

»Komm, Helmut.« Ich steuerte auf die Hintertür zu, wobei ich hoffte, begeistert zu wirken. Zu meinem Schrecken folgte uns der Wirt nach draußen.

»Da drüben ist das stille Örtchen. Und hier das Wasser.«

Ohne ein weiteres Wort verschwand ich auf dem Plumpsklo. Unter meinem Hemd rann Schweiß herunter. *Durchatmen.* Der Gestank warf mich fast um. Ich brauchte Zeit zum Nachdenken, doch es gab keinen ruhigen Ort. Es würde auffallen, wenn wir zu lange draußen blieben. Mein Kopf schmerzte dumpf. Je mehr ich mich zu konzentrieren versuchte, desto panischer wurde ich.

Ich trat hinaus und warf die Tür hinter mir zu. Helmut lehnte an der Hauswand, seine Augen waren so groß wie Mühlsteine.

»Und was jetzt?«, flüsterte er mit zitternder Stimme. »Warum habe ich nur auf dich gehört? Sie werden alles herausfinden, sobald wir nach Marburg kommen.«

Ich schüttelte schweigend den Kopf, während ich

versuchte, Helmut mit Blicken klarzumachen, dass es überall Ohren gab. Irgendwo über uns öffnete sich ein Fenster. Unser schlimmster Albtraum wurde wahr.

Wir würden nach Marburg transportiert und dann exekutiert. Ich dachte an Mutter, stellte mir vor, wie sie in der stillen Wohnung auf- und abging, vor den leeren Betten haltmachte. Ich steckte mein brennendes Gesicht unter den laufenden Strahl des Wasserspeiers. Das Wasser war eisig, aber ich merkte es kaum Mein Lotteriespiel war fehlgeschlagen. Morgen würden wir sterben.

Zu meiner Erleichterung waren die Offiziere nach oben gegangen, als wir in den Schankraum traten.

Der fette Wirt ging zur Tür. »Ich schließe ab.«

Wir saßen in der Falle.

Ich ließ mich neben Helmut auf die Bank fallen. Hitze und Kälte wechselten sich auf meiner Haut ab. Mein Hals verengte sich, das Gefühl einer unsichtbaren Hand an meiner Kehle schnürte mir die Luft ab. Ich war wieder im Bunker. Ein … aus … ein … aus.

»Hör zu«, wisperte ich, während ich mich auf jeden Atemzug konzentrierte. »Wir müssen vor dem Morgengrauen verschwinden. Wenn sie uns mitnehmen, ist es vorbei.«

Helmut beugte sich zu mir. »Wenn sie uns auf der Flucht erwischen, sind wir auch tot.«

»Wir hauen zwischen zwei und drei Uhr ab. Das sollte uns genug Zeit geben, einen sicheren Abstand zu schaffen.«

»Aber die Türen sind abgeschlossen. Wie kommen wir raus?«

»Durchs Fenster.«

»Aber wo sollen wir hin? Sie werden uns doch bestimmt folgen. Und wenn uns einer draußen beobachtet? Sie haben sicherlich Wachen.« Helmuts Geflüster wurde lauter. »Es ist alles deine Schuld.«

»Sch!«, zischte ich. »Wir gehen nach Süden.« Ich war sauer auf Helmut, weil er genau die Dinge sagte, die ich dachte. Vor allem aber war ich auf mich selbst wütend, weil ich nicht aufgepasst hatte. Weil ich meinem Hunger erlaubt hatte, uns in Gefahr zu bringen.

»Das erwarten sie nicht«, sagte ich. »Wir halten uns von den Straßen fern. Einer von uns muss wachbleiben. Wir wechseln uns ab. Im Hauptschankraum ist eine Uhr. Du übernimmst die erste Wache. Weck mich in zwei Stunden. Es ist neun Uhr. Schlaf nicht ein.«

Trotz meines trägen Kopfes und des ungewohnten Bieres, das ich nicht ausgeschlagen hatte, konnte ich mich nicht entspannen. Ich machte mir Sorgen, Helmut würde einschlafen oder – schlimmer noch – den Offizieren vor lauter Angst alles beichten. Wäre es möglich, dass er uns anzeigte, um seinen eigenen Hals zu retten? Nein, definitiv nicht. Wir waren Freunde, so lange ich mich erinnern konnte. Die Bank knarrte unter Helmuts Gewicht. Ich nickte ein.

Ich träumte, Vater erschiene in der Gaststätte. Er lächelte und bestellte eine Runde Bier für die SS-Männer. In seiner Mitte klaffte ein Loch. Er kicherte und hob den Krug zum Mund. Als er trank, floss aus mehreren Löchern in seinem Magen Bier. Ich schrie und wachte auf.

Zuerst bemerkte ich, dass ich fror. Und dass ich Helmut in der Dunkelheit nicht sehen konnte.

»Wie viel Uhr ist es?«, flüsterte ich.

Nichts.

*Hat er etwa doch einem der Offiziere alles gesagt?*, fragte eine Stimme in meinem Kopf.

»Helmut?«

Dann hörte ich, wie jemand ruhig atmete. Erleichterung breitete sich in mir aus. Ich erinnerte mich an die Uhr und ging auf Zehenspitzen in den Schankraum.

Ich streckte eine Hand aus und tastete mich am Tresen entlang. Die Uhr hing an der Wand. Irgendwo hier hatten Streichhölzer herumgelegen. Meine Finger ertasteten eine Zündschachtel und der Phosphor explodierte in grelles Licht.

Ich hob die Flamme und schluckte. Vier Uhr fünfzehn. Wir hatten mehr als sieben Stunden geschlafen.

Panik ergriff mich. Meine Fingerkuppen brannten und ich ließ das Streichholz fallen. In der Dunkelheit rasten meine

Gedanken. Jeden Moment konnten die Männer aufstehen. Ich eilte ins Hinterzimmer, tastete mich zu Helmut durch und rüttelte ihn an der Schulter.

»Wach auf.«

Helmut gähnte. »Ich bin eingeschlafen.«

Ich wollte ihn erwürgen. »Es ist super spät.«

Helmut brummte etwas Unverständliches.

»Beeil dich«, flüsterte ich. »Von jetzt an kein Wort. Wir steuern schnurstracks durch den Garten.«

»Fein«, sagte Helmut.

Die Bank knarrte, als er aufstand.

Im Dunkeln fummelte ich nach dem Fenstergriff. Letzte Nacht hatte ich über unseren Fluchtweg nachgedacht. Aufgrund der verschlossenen Türen waren die Fenster unsere einzige Chance.

Das Fenster bewegte sich nicht.

Und wenn die Rahmen zugenagelt waren? Daran hatte ich nicht gedacht. Dann wären wir wahrhaftig eingeschlossen.

Wieder packte ich den Griff und drehte, presste mein Körpergewicht dagegen. Holz ächzte, rieb gegeneinander. Ich drückte fester.

Das Fenster gab mit einem entsetzlichen Quietschen nach, sodass mir die Puste im Hals stecken blieb. Jedes Geräusch echote durch die Stille. Wohlmöglich waren SS-Männer als Wachen um das Wirtshaus stationiert. Sicher gab es irgendwo da draußen Patrouillen. Mein Atem rasselte laut in der Stille. Die Luft war windstill und um uns herum war es absolut ruhig, während mein Herz so laut in meinem Hals pochte, dass ich mir sicher war, sie würden es über uns hören.

Ich hob ein Bein über die Fensterbank, verlagerte vorsichtig das Gewicht, bis mein Fuß draußen den Boden berührte. Etwas knirschte und ich hielt inne. In Zeitlupe schob ich mich vor. Unter meinem Schuh barst etwas wie ein Feuerwerkskörper. Neue Panik stieg in mir auf. *Renn weg.* Ich zog schnell das zweite Bein nach und warf mich in die Dunkelheit, darauf hoffend, weich zu landen. Feuchte, mit Tau benetzte Grashalme trafen mein Gesicht.

Hinter mir hörte ich Helmut.

»Warte.«

Ich krabbelte auf die Knie und tastete umher. Etwas Scharfes schnitt in meine Hand, ein Stück Glas oder eine Scherbe, ein vergessener Blumentopf. Ich zog meine Finger gerade noch rechtzeitig weg, bevor Helmuts Schuh auf dem Boden landete. Wieder lauschte ich.

Alles, was ich hörte, war Helmuts schwerfälliger Atem und mein eigener Herzschlag.

Ich sah die Hauswand hinauf. Da oben schliefen die Offiziere. Es war unmöglich, zu wissen, ob ein Fenster offenstand. Wenn über uns jemand wach war und am Fenster Luft schnappte, würde er uns mit Sicherheit hören.

Ich zitterte.

Die Luft roch feucht. Die Nässe legte sich auf meine Haut, durchdrang meinen Mantel, und machte meine Finger steif. Ich wagte es nicht, einen Mucks von mir zu geben. Stattdessen streckte ich den Arm seitlich aus und hielt mich an Helmuts Schulter fest. Die andere Hand streckte ich nach vorn, wobei ich versuchte, mir die Landschaft hinter der Gaststätte ins Gedächtnis zu rufen. Ich erinnerte mich vage an ein paar Bäume und Büsche, ein Gemüsebeet. Warum hatte ich nicht besser aufgepasst?

Ein Hund bellte, das Geräusch war wie losgelöst, geisterhaft. Es war unmöglich, abzuschätzen, woher es kam. Helmut zog hörbar die Luft ein, ich konnte seine Angst in der Dunkelheit spüren. *Du musst stark sein.*

Einen Schritt, dann noch einen. Es war unmöglich, zu wissen, wo wir hingingen. Wenn wir vom Weg abkamen, rannten wir schnurstracks in eine Wache oder einen der Militärwagen. Ich zwang meine Ohren, all meine Sinne, uns zu führen. Es gab keinen Raum für Fehler. Nicht jetzt. Ich konnte es nicht zulassen. Meine Oberschenkel wollten sich verkrampfen, sie waren schwach und zittrig vom langsamen Gehen. Trotzdem setzte ich meine Füße vorsichtig, bewegte mich in Zeitlupe.

Ein schrecklicher Gestank stach mir in die Nase. Meine

Finger berührten raues Holz. Das Plumpsklo. Wir waren nur ein paar Meter weit gekommen.

Hinter uns schlug eine Tür schlug zu. Ein Licht tanzte auf uns zu. Jemand schlurfte über die Wiese. Jede Sekunde würden wir entdeckt werden.

Ich fiel auf die Knie und zog Helmut mit mir um die Ecke und weg vom Licht. Lautes Gähnen erklang, eine Tür quietschte, gefolgt von Fallgeräuschen. Ich hielt den Atem an, um den Gestank nicht riechen zu müssen. Ich fragte mich, ob es der Wirt war.

Das feuchte Gras bohrte sich in meine Haut wie eisige Finger und ich begann, zu frösteln. Jede Minute würde der Wirt unsere Abwesenheit bemerken und es der SS sagen. Warum hatten wir nicht das Fenster geschlossen, um es weniger offensichtlich zu machen? Ich war so dumm.

Ich merkte kaum wie die Tür zuschlug. Der Mann kratzte sich umständlich, bevor er sich davonmachte und sein Schatten mit der Dunkelheit verschmolz.

Helmut boxte mich in die Schulter. »Komm schon.«

Wir standen auf und stolperten wortlos, einen Arm unsicher ausgestreckt, vorwärts. Es war, als ob wir in einem Hohlraum operierten, einem schwarzen Loch ohne jeden Anhaltspunkt. Jeder Schritt barg ein neues Risiko. Zweige schlugen uns ins Gesicht. Minuten dehnten sich zu Stunden, jeder Schritt erschien wie ein Kilometer.

Ohne Warnung traf meine Hand auf etwas Festes — Baumrinde. Wir gingen darum herum, taumelten über Wurzeln und Steine. Ein weiterer Baumstamm. Dann noch einer. Gingen wir im Kreis?

»Können wir eine Sekunde Pause machen?«, flüsterte Helmut irgendwann.

»Nur eine Minute.«

Wir fielen auf den Boden, ignorierten die schwammige Feuchtigkeit.

Helmut seufzte. »Wie lange ist es wohl her, seit wir los sind?«

»Nicht lange genug.« Ich malte mir aus, wie der gemeine

Offizier Befehle brüllte, sah Hunde schnüffeln, mit gefletschten Zähnen, und dann …

»Ich wünschte, wir hätten Licht«, sagte Helmut. »Ich hoffe, wir gehen den richtigen Weg.«

»Wir müssen weiter.«

Alle paar Schritte trafen wir auf Baumstämme. Riesige Zweige raschelten über uns — es musste ein Wald sein.

Irgendwann blieb Helmut abrupt stehen und schrie auf, »Aua, meine Hand«, gerade als ich etwas Scharfes in meiner Seite fühlte.

»Stacheldraht.« Ich verfluchte die mondlose Dunkelheit, tastete nach weiteren Drähten. Es waren drei, der niedrigste etwa 40 cm über dem Boden.

»Wo, meinst du, führt der Zaun hin?«, fragte Helmut. »Vielleicht können wir drum herum.«

»Wir gehen besser geradeaus«, sagte ich und stellte mir vor, wie ein wütender Stier uns auf der anderen Seite angriff. Aber Nutztiere waren rar geworden. Wenn es sie gab, versteckte der Bauer sie gut. »Ich will so weit wie möglich von dem Wirtshaus weg.«

»Wie weit sind wir wohl gekommen?« fragte Helmut wieder.

Er sprach immer die Dinge aus, über die ich nachdachte, die mich grübeln ließen. Wir waren zu lange zusammen. Aber dann erinnerte ich mich an die Bomber. An meine Verzweiflung, als ich angenommen hatte, ich hätte Helmut verloren. Mir wurde klar, dass ich lieber mit Helmut zusammenblieb, bis wir keinen weiteren Schritt mehr laufen konnten, als eine Stunde allein zu verbringen.

»Rutsch unter dem Zaun durch. Ich halte den Draht hoch«, sagte ich.

Helmut fiel auf die Knie und robbte auf die andere Seite. »Jetzt du.«

Das Gras war wie ein Eisbad. Die Drähte schabten über meinen Rücken. Hier standen keine Bäume mehr, daher kam es mir so vor, als wanderten wir in kompletter Leere. Wir hatten keine Bezugspunkte, keine Richtung. Nur der Grund fiel langsam ab.

»Lasst uns hier bis zur Dämmerung warten«, meinte Helmut nach einer Weile.

An dieser Stelle hatte das Gras kurze, zähe Halme. Der Boden war aufgeweicht und ich begann bald, zu frieren. Irgendwo in der Ferne hörten wir schwache Laute.

»Meinst du, die suchen uns?«, fragte ich.

»Weiß nicht. Man sollte annehmen, die hätten Besseres zu tun, als zwei Jungs zu verfolgen.«

»Hoffentlich.«

Als die Dämmerung endlich einsetzte, fanden wir uns auf einer früheren Kuhwiese wieder. Hinter uns stieg das Land an und verlor sich in einem Waldhang. Vor uns fiel es in ein langes Tal, zu unserer Linken befand sich ein Gehölz aus Tannen und Fichten.

»Wir verstecken uns im Wald«, schlug ich vor. Helmut nickte und wir stolperten erneut los. Dabei kämpfte ich gegen das Verlangen an, über meine Schulter zu sehen.

In der Düsternis des Tannenwaldes brachen wir zusammen. Nadeln bedeckten den Boden und die Luft roch intensiv nach Harz. Wie sehr ich mich nach einem Feuer sehnte. Wir waren durchweicht, von einer Mischung aus Schweiß und Tau, die Haut unserer Hände war hart und trocken, mit knochigen Fingern und blutig verschrammten Knöcheln.

Ich wollte nach Hause, ein heißes Bad nehmen und unter einer warmen Steppdecke in sauberen Laken schlafen. Ich dachte an die anderen Betten, die meines Vaters und Hans', die schon viel länger leer standen.

In der letzten Zeit konnte ich mich kaum noch an Vaters Gesicht erinnern. Alles verschwamm, selbst die Erinnerungen an unser Leben vor dem Krieg. Ich dachte an Mutter. Wie sie in der Küche stand, Siegfried ansah, das letzte Kind, die letzte Person, die noch bei ihr zu Hause war, und ich sehnte mich nach ihrer Umarmung, ihrem Lächeln, selbst nach ihrer ärgerlichen Miene, wenn ich vergessen hatte, eine Aufgabe zu erledigen.

# SIEBENUNDVIERZIGSTER TAG

Es war zu früh für Früchte, aber das frische Grün der Bäume und Büsche war inzwischen dicht.

Helmut richtete sich von seinem provisorischen Bett unter einem Haselnussstrauch auf. »Ich will meine Mutter sehen. Ich könnte wirklich für ein paar Tage ein Bett gebrauchen.«

Ich sprang auf. »Das ist die beste Idee, die ich seit Langem gehört habe.«

Sieben Wochen waren seit unserem Aufbruch in die Wälder vergangen. Es schien ewig her zu sein. Jetzt, da ich daran dachte, wollte ich nicht eine Sekunde länger so hausen. Selbst wenn der Besuch nur einen Tag dauerte.

Wir wanderten querfeldein, bis wir die Wupperberge erkannten.

»Hast du das gesehen?« Helmut zeigte auf zwei Häuser im Dorf Wupperhof. »Sie haben weiße Bettlaken im Fenster hängen. Glaubst du, es ist jemand gestorben?«

»Vielleicht.« Ich dachte an die Zeit nach dem Angriff im November, als weiße Tücher zum Abholen bereite Tote signalisiert hatten.

Ich schob den Gedanken an die wirbelnden Fliegen und die Verwesung weg und konzentrierte mich auf das glückliche

Gesicht meiner Mutter, wenn sie mich wiedersehen würde. Ich konnte es kaum erwarten, sie in den Arm zu nehmen.

»Ich weiß nicht, wie lange ich das noch aushalte«, seufzte Helmut.

»Es muss bald vorbei sein. Erinnerst du dich, was die Soldaten gesagt haben«, murmelte ich.

Wie oft hatte ich diese Worte wiederholt? Rolf Schlüter kehrte in meine Gedanken zurück, prahlte in der Klasse mit seinen Medaillen und richtete spottend seine Pistole auf mich. »Deserteur«, raunte er, »nehmt ihn fest.«

Ich ging schneller. Alles war besser, als an die Konsequenzen meiner Entscheidung zu denken. Ich war blind gegenüber der Tatsache, dass der Frühling endlich eingetroffen war. Obwohl die Blätter des letzten Winters unter unseren Füßen raschelten, waren die Bäume hellgrün und verbreiteten Schatten.

»Da ist wieder ein Betttuch.« Helmut keuchte und hielt sich die Seiten. »Meinst du, die sind alle krank? Das Haus ist nicht zerbombt.«

»Keine Ahnung.«

»Wenn es Typhus ist — das bekommt man von schlechtem Wasser.«

»Vielleicht haben sie die Wasserleitungen vergiftet.« Ich rannte weiter. »Wenn die Amerikaner und Russen in der Nähe sind ...«

»Was trinken wir bloß?«

»Wir holen Wasser vom Fluss und kochen es.«

Und wenn Mutter krank geworden und gestorben war? Seit Wochen war ich nicht zu Hause gewesen. In einem solch langen Zeitraum konnte viel passieren, manchmal schon innerhalb einer Stunde oder eines Sekundenbruchteils. Ich beschleunigte meine Schritte.

»Mach mal langsam!« rief Helmut hinter mir her. »Ich bin erledigt.«

Aber ich konnte nicht anhalten, obwohl meine Beine brannten und meine Kehle sich wie Sandpapier anfühlte. Ich musste heim. Jetzt. Scheiß drauf, dass es helllichter Tag war.

Dass uns jeder sehen konnte.

Als wir unsere Nachbarschaft erreichten, schrie ich Helmut, der dreißig Meter hinterhertaumelte, zu: »Wir treffen uns morgen Abend. Ich hole dich nach Dunkelwerden ab.«

Ich wartete nicht auf Antwort, sondern rannte den restlichen Brühler Berg hinunter. Auf der Weinsbergtalstraße verlangsamte ich meine Schritte. Ein Seufzer entfuhr mir. Die Häuser standen noch.

Aber trotz des frühen Nachmittags schien die Straße seltsam verlassen und ich bemerkte noch mehr weiße Tücher.

Da war mein Haus. Endlich. Ich überflog die Fenster unserer Wohnung. Nichts. Aber Moment. Da hing ein Laken an der Seite. Ich hatte es zunächst nicht bemerkt, doch da hing etwas Weißes aus dem Fenster des Elternschlafzimmers.

Mutter war tot.

Das Grauen umklammerte mein Herz wie eine eiskalte Hand und veranlasste mich, den Rest des Weges zu rennen. Die Wohnungstür war verschlossen und ich zog den Ersatzschlüssel unter der Matte hervor.

»Mutter?«

Nichts.

Ich eilte von Zimmer zu Zimmer — die Wohnung war leer. Sie hatten Mutter abgeholt. Siegfried war sicherlich auch gestorben.

Ich seufzte und fiel schwer in einen Sessel. Ein tiefer Schluchzer entfuhr meiner Brust. Der Schmerz erfasste meinen gesamten Körper. Er brannte wie Säure, ätzte ein Loch in die Stelle, wo zuvor mein Herz gewesen war. Ich würde hier warten, bis mich die SS abholte oder eine Bombe auf mich fiel. Ich sah mich in dem ordentlichen Zimmer um, betrachtete den Lieblingssessel meines Vaters. Er war seit fünf Jahren leer. Jetzt war ich ganz allein.

Tränen liefen ungehindert. Die Zeit stand still.

Erinnerungen tanzten in meinem Kopf: wir alle beim Abendessen, Mutter beim Kuchenbacken, Vater beim Reparieren einer Steckdose, Siegfried als Pferd durch das Haus galoppierend, Hans auf dem Bett beim Lesen.

»Günter?« Mutter knallte die Wassereimer auf den Boden und rannte auf mich zu.

Ich sah auf, bemerkte die schlanke Gestalt meiner Mutter, den gestopften Mantel und den Schal um ihren Kopf. Träumte ich? Es gab nur eine Möglichkeit, das herauszufinden. Ich sprang auf und warf mich in Mutters Arme.

»Bin ich froh, dich zu sehen«, schluchzte ich.

Mutter hielt mich fest. »Was ist passiert? Bist du verletzt? Ist was mit Helmut?«

»Nein, ich dachte, du ... Die Tücher im Fenster.«

»Ach, du dachtest ...« Mutter wischte die Tränen von meinen Wangen. »Diesmal ist es kein Signal für Tote. Hast du es denn nicht gehört?«

Ich starrte sie an. Wovon sprach sie?

»Es ist vorbei. Die Amerikaner sind in der Stadt. Solingen hat sich ergeben. Deshalb haben wir die Laken im Fenster. Der Krieg ist vorbei.« Mutter ließ mich los und musterte mich, ihre Miene wirkte erleichtert. »Ach, bin ich froh, dass du wieder da bist.«

Ich brachte ein schwaches Lächeln hervor und erzählte kurz von den letzten Wochen.

Als Mutter wenig später in der Küche verschwand, sackte ich auf das Sofa zurück. Meine Knochen fühlten sich schwer an. Das Einzige, was ich vor mir sah, war Helmuts dreckverschmiertes Gesicht, wie er ausgesehen hatte, als die Bomber uns fast auf der Straße erwischt hatten.

*Es ist vorbei. Vorbei.*

Wir mussten uns nicht länger verstecken. Nicht mehr durch den Wald rennen, Angst haben, die falschen Leute zu treffen. Nach sechs Jahren hatte sich Hitlers stinkender Schleier gelüftet. Nie wieder musste ich mich im Keller verbergen oder nach Einbruch der Dunkelheit davonschleichen. Helmut und ich konnten im Hellen auf der Straße gehen, ohne das schleichende Gefühl zu haben, uns beobachte jemand.

»Komm und iss.« Mutters Stimme drang durch den

Nebel meiner Gedanken. »Nachher könnte ich Hilfe beim Holzhacken brauchen.« Sie kam zurück ins Wohnzimmer und warf einen Blick auf die Wanduhr. »Jetzt hole ich Siegfried ab. Er wird sich so freuen, dich zu sehen.« Sie seufzte und wischte sich über die Augen. »Ich bin heilfroh, dass es dir gutgeht.«

Der Kloß in meinem Hals löste sich und mir entfuhr ein Glucksen.

Ich war endlich frei. Und Mutter und Siegfried lebten.


Natürlich hielt dieser Moment nicht lange an. Glück ist nichts als ein vergängliches Gefühl. Wie ein heißer Windstoß in einem kalten Raum neigt es dazu, sich zu verflüchtigen. Die Nachkriegsära brachte neue schwerwiegende Fragen mit sich. Wie würden wir in den Trümmern überleben, wenn es kein Essen, keine Arbeit und kein Geld gab? Aber am allermeisten wollte ich wissen, was mit Vater und Hans passiert war.

# AUTORENKOMMENTAR

Der Volkssturm war Hitlers letzter propagandistischer Befehl an die Zivilbevölkerung, nicht vom deutschen Militär sondern von der NSDAP, der Nazipartei, organisiert. Der Volkssturm wurde in zwei Phasen durchgeführt, die erste Phase im Oktober 1944 und die zweite Phase Anfang März 1945. Alle kriegsverwendungsfähigen Männer zwischen 16 und 60 Jahren, die noch nicht im Krieg verbraucht worden waren, wurden in vier Gruppen von ‚bestens' bis ‚wenig geeignet' klassifiziert. Mein Vater Günter, im Dezember 1928 geboren, wurde in der zweiten Phase erfasst. Er war gerade 16 geworden und in Klasse III. Militärtraining sollte mit der Hitlerjugend (HJ) bis Ende März 1945 durchgeführt werden.

Zu diesem Zeitpunkt im Krieg hatten die Alliierten bis auf wenige Stellen ganz Deutschland überrannt, was die deutsche Wehrmacht zum massiven Rückzug zwang. Waffen, Munition, Uniformen, selbst die einfachsten Ausrüstungsgegenstände, gab es nicht mehr. Er wird berichtet, dass zur Verteidigung im Volkssturm mindestens 1,3 Millionen Waffen benötigt wurden. 18.000 gab es. Maschinengewehre waren noch seltener. Es wurden 75.000 gebraucht, doch nur 180 standen zur Verfügung.

Ursprünglich sollte der Volkssturm die Heimatfront verteidigen. Im Falle meines Vaters hatten die Jungen den Marschbefehl nach Marburg, etwa 200 km südlich von Solingen, erhalten. Ich nehme an, Marburg wurde gewählt, um die vordringenden U.S. Armeen, die bereits in Siegen also weniger als 90 km von Marburg standen, aufzuhalten. Man kann nur mutmaßen was passierte, als diese Jungen mit den voll ausgerüsteten und trainierten amerikanischen Truppen zusammenstießen. Hatten sie überhaupt Gewehre oder versuchten sie die Panzer mit bloßen Händen aufzuhalten?

Siebzig Prozent dieser Jungen, die unter Nazi Herrschaft aufgewachsen waren, meldeten sich freiwillig. Wie viele Jungen und Männer am Volkssturm teilnahmen ist unbekannt. Ihr Effekt war einflusslos. Sie konnten nicht mal einzelne Häuser verteidigen, geschweige denn eine professionelle Armee abwehren.

Manchem Leser könnte es scheinen, als ob Günters Akt des Ungehorsams, den Wehrdienst zu verweigern nichts Besonderes war. Mein Vater erschoss weder SS-Männer noch plante er ein Hitlerattentat. Er war auch nicht im Widerstand. Aber er tat etwas viel Wichtigeres, was viele ältere und reifere Menschen unterließen. Er bildete sich seine eigene Meinung und führte sie in die Tat um. Damit ging er ein hohes Risiko ein und folgte seiner Überzeugung.

Ich denke es war extrem schwierig, vor allem wegen des Drucks der auf die Menschen ausgeübt wurde, Befehle zu ignorieren. In einer Diktatur bedeutet die Verweigerung von Befehlen garantierte Bestrafung. Wäre mein Vater erwischt worden, hätte man ihn wegen Fahnenflucht erschossen. Denn selbst im Frühjahr 1945 gab es noch Zellen fanatischer SS-Männer und Hitlerjungen. Sie besaßen nicht nur Waffen, sondern Standrecht, das Recht einen Menschen auf der Stelle zu exekutieren. Viele Unschuldige fielen in den letzten Monaten diesen Rechtsradikalen zum Opfer.

Von Günters Klassenkameraden kehrte keiner zurück.

# GALERIE DER PERSONEN

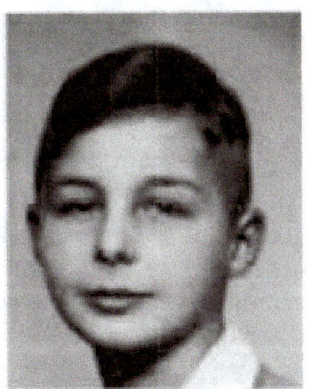

**Günter, 1928-**

Günter wurde Graveurmeister und leitete mehrere Jahre eine eigene Firma. 1970 trat er der Firma C. Hugo Pott, einer weltbekannten Besteckfirma, bei. Seine einzigartige Expertise, eine Kombination aus künstlerischem Talent und technischen Kenntnissen, machte ihn lebenslang zum vielgefragten Mitarbeiter. Im Alter von 70 Jahren ging er in Rente. Da er immer angenommen hatte, als Erster zu sterben, kam Helgas schwere Krankheit als großer Schock. Nach ihrem Tod brauchte er viele Jahre, um wieder Sinn in seinem Leben zu finden, aber der Mut, der ihn sein ganzes Leben begleitet hatte, rettete ihn letztendlich. Günter verbrachte mehrere Jahre in freundschaftlicher Gesellschaft seiner alten Bekannten und Helmuts Witwe, Gerda. Er lebt noch immer in seinem Elternhaus.

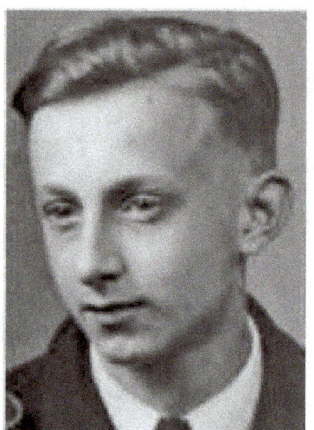

**Helmut, 1928-1992**

Helmut arbeitete als Schriftsetzer und hatte mit seiner Frau Helga zwei Kinder. Als zeitlebens schwerer Raucher erkrankte er an Lungenkrebs und starb 1992. Günter und Helmut blieben lebenslang Freunde.

# CHRONIK

18. Oktober 1944
Der Volkssturm wird offiziell verkündet. Alle waffenfähigen Männer zwischen 16 und 60 sollen die Heimatfront verteidigen.

15. Februar 1945
Reichsminister der Justiz Otto Thierack unterzeichnet die „Verordnung über die Errichtung von Standgerichten". Ab sofort dürfen Hitlerjugend, Militär und SS auch Zivilisten exekutieren, wenn diese die *deutsche Kampfkraft oder Kampfentschlossenheit* gefährden.

5. März 1945
In der letzten verzweifelten Welle des Volkssturms befiehlt Hitler allen Jungen der Jahrgänge 1928 und 1929, das Vaterland zu verteidigen. Obwohl russische und amerikanische Truppen fast das gesamte Deutschland besetzt haben, droht das Deutsche Reich, jeden hinzurichten, der weiße Fahnen oder Betttücher als Zeichen der Kapitulation heraushängt.

19. März 1945
Hitler erteilt den sogenannten Nerobefehl, ein geheimes Kommando an die Wehrmacht, jegliche deutsche Infrastruktur, die sich der Feind zu Nutze machen könnte, zu zerstören. Zum Glück wird dieser Befehl oft nicht ausgeführt.

22. März
Hildesheim wird zerstört. Amerikanische Truppen gehen bei Oppenheim über den Rhein.

26. März
Amerikaner besetzen Limburg

23. – 27. März
Amerikanische, britische und kanadische Truppen gehen bei Emmerich über den Rhein. Es folgt die Operation Plunder.

29. März
Amerikaner besetzen Mannheim, Wiesbaden, und Frankfurt a. M.

1. April
Ein letzter fanatischer Appell vom Sender Werwolf, einer Partisanengruppe, richtet sich an die Bevölkerung: „Hass ist unser Gebet und Rache unser Feldgeschrei!"

6. April
Beginn der Schlacht um Wien durch sowjetische Truppen.

1. – 21. April 1945
In der Ruhrkesselschlacht werden 300.000 Soldaten und Millionen Zivilisten von amerikanischen und kanadischen Truppen eingeschlossen. Es ist eine der letzten drei großen Schlachten vor Ende des Kriegs.

16. – 19. April
Deutsche Truppen verlieren die Schlacht um Berlin gegen sowjetische Truppen. Die Ostfront ist damit zerstört und Berlin offen.

16./17. April 1945
Amerikanische Truppen erreichen Solingen. Die Anwohner geben kampflos auf.

18. April
Amerikanische Truppen erreichen Magdeburg.

19. April
Amerikanische Truppen erobern Leipzig.

21. April 1945
In der Schlacht um Berlin umzingeln 2,5 Millionen Rotarmisten die Stadt. Eine Million deutsche Soldaten kämpfen zum letzten Mal. Die verbleibenden Fanatiker der SS und Hitlerjugend schaffen Stehtribunale für Fahnenflüchtige und sich ergebende Zivilpersonen und erschießen sie auf der Stelle.

30. April 1945
Hitler begeht Selbstmord.

2. bis 8. Mai 1945
Die deutsche Regierung kapituliert.

Sommer 1945
Britisches und amerikanisches Militär entlassen den größten Teil ihrer Gefangenen. Die UdSSR füllt ihre Lager mit Millionen deutschen Soldaten.

# ÜBER DIE AUTORIN

 Annette Oppenlander ist eine preisgekrönte Schriftstellerin und unterrichtet kreatives Schreiben. Als erfolgreiche Autorin von historischen Romanen ist Oppenlander für ihre authentischen Figuren und auf wahren Geschichten basierenden Romane bekannt. Gekonnt verbindet Oppenlander historische Personen und Geschehnisse mit ihren Plots und vermittelt damit Lesern Einblicke in die Geschichte, verpackt in eine spannende Erzählung. Sie verbrachte die erste Hälfte ihres Lebens in Deutschland und die nächsten 30 Jahre in verschiedenen Teilen der USA. Oppenlander inspiriert ihre Leser, indem sie Themen beleuchtet, die heute ebenso relevant sind wie in der Vergangenheit.

Oppenlanders wahre Geschichte *Surviving the Fatherland*, die englische Version von *Vaterland, wo bist Du?*, wurde zum Amazon Bestseller und gewann in den USA den National Indie Excellence Award 2017, den Indie B.R.A.G. Award

2018, den Readers' Favorite Book Award und den Chill with a Book Readers' Award 2017. Das Werk erhielt den Readers' Favorite Book Award und wurde mit fünf Sternen ausgezeichnet und war Finalist der Kindle Book Awards 2017.

Oppenlander vermittelt ihre Kenntnisse sowohl in deutscher als auch in englischer Sprache durch Workshops, unterhaltsame Präsentationen und Autorenbesuche an Colleges, Universitäten, Büchereien und Schulen. Sie ist Mutter von Zwillingen und einem Sohn und lebt seit 2017 wieder in ihrer alten Heimat Solingen in Deutschland.

*»Fast jeder Ort birgt irgendein Geheimnis, etwas, das Historie lebendig macht. Wenn wir Menschen und Orte genau untersuchen, ist Historie nicht länger ein Datum oder eine Nummer, sie wird zur Erzählung oder Geschichte. Vielleicht benutzen wir deshalb das Wort Geschichte im Sinne von Historie, aber auch im Sinne von Erzählung.«*

# VON DER AUTORIN

Herzlichen Dank, dass Sie *47 Tage* gelesen haben. Ich hoffe sehr, Sie haben darin ebenso viel Vergnügen gefunden wie ich beim Schreiben. Nun, das stimmt nicht ganz. Es hat Zeiten gegeben, in denen es mir sehr schwerfiel, die Geschichte meiner Eltern zu bearbeiten. Das ist auch der Grund dafür, dass bis zur Veröffentlichung fünfzehn und für die Übersetzung und das Lektorat weitere zwei Jahre vergingen. Ich wollte, nein, ich *musste* ihre Geschichte so verfassen, dass sie das wiedergab, was mir vorschwebte, nämlich ein realistischer Eindruck dieser Zeit. Das konnte nur funktionieren, indem ich erstens Abstand gewann und zweitens den Hauptpersonen emotionale Tiefe verlieh. Dahin zu gelangen, war nicht einfach.

Wenn Sie einen Moment Zeit haben, würde ich mich über Ihre Rezension auf einer öffentlichen Seite wie Amazon, Apple iTunes, Goodreads oder Ähnlichem freuen. Auch lade ich Sie ein, über meine Webseite http://www.annetteoppenlander.com oder per Email mit mir Kontakt aufzunehmen und sich für gelegentliche E-Mails anzumelden.

Auch möchte ich Sie auf meinen neuen Roman aufmerksam machen, der allerdings vorerst in englischer Sprache erscheint. *When They Made Us Leave* hat das Thema der erweiterten Kinderlandverschickung (KLV) als Hintergrund für die Geschichte zweier Jugendlicher und Nachbarn. Darin geht es um Liebe und Hoffnung, Überleben und Schuld. Es ist ebenfalls ein tiefgreifender Roman, der in den Jahren von 1943 bis 1945 in Solingen, Bayern und Pommern spielt.

Herzliche Grüße,
Annette Oppenlander

# KONTAKTIEREN SIE MICH

Ich freue mich jederzeit über Ihre Bemerkungen und Anregungen. Ich stehe außerdem für Besuche in Schulen, Bibliotheken, Cafés, Seniorenheimen, Universitäten, und bei privaten Events zur Verfügung. Melden Sie sich einfach.

- Webseite: www.annetteoppenlander.com
- Facebook:
  www.facebook.com/annetteoppenlanderauthor
- Twitter: @aoppenlander
- Pinterest: @annoppenlander
- Email: hello@annetteoppenlander.com

# Vaterland, wo bist Du?
## Roman nach einer wahren Geschichte

## KAPITEL EINS

**Lilly: Mai 1940**

Für mich begann der Krieg nicht mit Hitlers Invasion in Polen, sondern mit der Lüge meines Vaters. Ich war damals sieben, ein dünnes Ding mit Zöpfen und spitzen Knien, gekleidet in die unförmigen, handgestrickten Pullover meiner Mutter, ein Mädchen, das seinen Vater über alles liebte.

Es war Mai, meine liebste Jahreszeit, in der die Luft nach frischgemähtem Gras und Flieder roch und Ausflüge in die Stadt und in die Cafés des bergischen Landes versprach.

Wie gewöhnlich kam mein Vater an diesem Freitagabend nach Hause, seine schwere Aktentasche mit Papieren gefüllt. Nur schmiss er sie dieses Mal wie einen Sack Abfall in die Ecke der Diele. Dabei war mein Vater sonst immer penibel, ein Mann, der Wert auf sein äußeres Erscheinungsbild legte und alles, was er berührte, in tadelloser Ordnung hielt. Und so wusste ich auch mit sieben Jahren — selbst bevor er die schicksalhaften Worte aussprach —, dass etwas anders war.

Mich ignorierend eilte er in die Küche, seine Augen leuchteten vor Aufregung. »Ich bin eingezogen worden.«

An der Spüle entglitt Mutti der Schwamm, er fiel mit einem sachten Plopp ins Seifenwasser. Sie starrte Vati an. Ihr Mund öffnete und schloss sich lautlos.

Ich verstand die Worte meines Vaters nicht. Ich verstand auch nicht, was eine Lüge war, doch fühlte ich es schon damals. Wie andere ein nahendes Gewitter spüren, bildet sich hinter meiner Stirn Druck, wenn jemand lügt, eine Schwere in meinen Knochen. Der Blick des Lügners ist flüchtig, seine Stimme klingt gekünstelt. Da ist etwas in der Art, wie sich der Lügner bewegt — seine Schultern sind starr und seine Gliedmaßen hängen steif am Körper. Er wirkt wie eine leere Hülle, weil seine Seele es nicht ertragen kann und sich angewidert von ihm abwendet.

In diesem Moment wusste ich, dass Vati etwas vor uns verheimlichte.

»Am Montag soll ich dort sein. Ich bin jetzt Unteroffizier.« Seine Stimme zitterte, als er, immer noch in Hut und Mantel, auf einen Stuhl sank.

»Aber das ist in drei Tagen.« Mutti nahm Burkhart, meinen kleinen Bruder, der noch ein Baby war und zu jammern begonnen hatte, auf den Arm. »Ist schon gut«, tröstete sie ihn, während sie die Küche der Länge nach auf- und abschritt, das Klick-Klick ihrer Absätze wie eine Anklage.

Ich runzelte die Stirn und näherte mich meinem Vater. Seit der Geburt meines Bruders verbrachte Mutti jede Minute mit dem Baby. Egal, wie brav ich war, egal, ob ich tat, was sie wollte, es gelang mir nur selten, ihren Blick von meinem Bruder abzulenken. Es ärgerte mich unendlich, dass ich nicht damit aufhören konnte, es zu versuchen.

»Vati, wohin gehst du?«, fragte ich, überzeugt, mein kleiner Bruder würde Vatis Aufmerksamkeit nicht erwecken.

Die Wangen meines Vaters glühten. Als hätte er mich nicht gehört, sprang er auf und eilte zurück in den Flur. Ich folgte und fand ihn vor dem Kleiderschrank kniend.

In der offenen Tür hing eine graue Militäruniform. Er kramte in der Schublade darunter.

»Was suchst du?«

»Einen Moment.« Mit einem Paar blanker schwarzer Stiefel in der Hand tauchte Vati wieder auf.

Er hockte, sodass wir uns auf Augenhöhe befanden, und bis heute erinnere ich mich an das Rasierwasser, das er jeden Morgen benutzte, eine Mischung aus Zitrus und Gewürzen.

»Ich packe.«

»Wohin gehst du?« Vati war noch nie weg gewesen, nicht mal für eine Nacht. Tatsächlich hatten er und Mutti strikte Gewohnheiten, und die wurden von der Uhr diktiert. Wir aßen jeden Abend um Punkt halb sieben. Selbst an Sonntagen. Frühstück gab es um sieben Uhr morgens. Kleidung lag niemals auf dem Boden, sondern wurde ausgebürstet und gelüftet und an die korrekte Stelle im Schrank zurückgehängt. Das Leben bestand aus Regeln: Händewaschen vor dem Essen, immer ein sauberes Taschentuch mit sich tragen, und immer, immer ordentlich aussehen, wenn man das Haus verließ.

Vati richtete sich auf und strich mit der Hand über seine Uniformhose. »Ich werde im Krieg aushelfen.«

»Bist du zu meinem Geburtstag zurück?« Mein Geburtstag war am vierten Juni und ich machte mir um unsere gewohnten Ausflüge in die Stadt Sorgen. Im Fenster von Wiesner, meinem Lieblingsspielzeugladen, hatte ich eine Schildkröt-Puppe entdeckt. Sie hieß Inge und ich wollte sie dringendst. Vati meinte, sie sähe genau wie ich aus, mit blonden Haaren und diesem hübschen rotkarierten Kleid mit weißer Schürze und weißen Lackschuhen, die man ausziehen konnte.

Als Vati mich in die Luft schwang und im Kreis drehte, kreischte ich vor Überraschung und Vergnügen. Ich flog.

»Sie wollen mich doch! Mit all meiner Erfahrung sollten sie froh sein.«

Mutti legte Burkhart auf die Decke und lehnte sich gegen den Türrahmen der Küche, ihre Arme über der Brust gekreuzt. »Ich wünschte, du müsstest nicht gehen.«

»Ist doch gar nicht schlimm, Luise.« Vati nahm sie bei den

Schultern, als wollte er ihr seine Begeisterung einflößen. »Ich bin bald wieder da. Wir sind so viel stärker als letztes Mal.«

»Ich sehe nur, dass Hitler immer mehr Männer in den Kampf schickt. Weißt du wenigstens, wohin sie dich senden?«

Vati zuckte mit den Achseln. »Wahrscheinlich Frankreich oder Skandinavien.«

»Wann kommst du denn zurück?«, versuchte ich es erneut.

Er tätschelte meinen Kopf, kehrte in die Küche zurück, und nahm auf seinem Stuhl am Ende des Tisches Platz. »Ich bin wieder da, bevor du Zeit hast, mich zu vermissen.« Als er zu pfeifen begann, nagte etwas an mir, ganz so, als hätte sich ein winziges Wesen in meinem Inneren verirrt und wollte nun kratzend ausbrechen.

Ein dröhnendes Heulen erklang. Scharf und metallisch schnitt es durch Türen und Wände und echote durch die Straßen. Egal, wie oft die Sirenen Tag für Tag kreischten, sie ließen mich jedes Mal erzittern.

Ich beobachtete, wie meine Mutter stockstill wurde, ihre Augen mit etwas gefüllt, das ich bald als Angst erkennen würde. Die Sirene ging weiter — hoch, runter, hoch, runter. Schließlich ertönte ein anderer Heulton. Diesmal klang er wie das Nebelhorn eines Bootes, was das Ende des Alarms signalisierte.

Erleichtert, dass der schreckliche Lärm vorbei war, kletterte ich auf den Schoß meines Vaters und ließ meinen Zeigefinger über die bläulichen Stoppeln an seinem Kinn wandern. »Vati?«

»Jetzt nicht, Lieselotte, wir unterhalten uns«, sagte Mutti.

Ich sah erschrocken auf. Mutti hatte Lieselotte gesagt, obwohl mich doch normalerweise alle Lilly nannten. Das war ein sicheres Zeichen dafür, dass sie wütend war. Ich rutschte hinunter, ließ aber meine Hand auf Vatis Arm.

Mutti strich sich eine Strähne ihres blonden Haares hinters Ohr und sackte auf einen Stuhl. »Ich hasse diese Luftschutzsirenen.«

Vati vertiefte sich in die Zeitung und sah nicht auf. »Ist doch nur ein Test ... eine reine Vorsichtsmaßnahme.«

Mutti sprang auf. »Ich sollte Essen machen. Erinnerst du dich? Mein Bruder kommt heute Abend.« Zwei rote Flecken, die nicht ganz zu ihrem Lippenstift passten, glühten auf ihren Wangen. »Lilly, der ganze Tisch ist mit Honig beschmiert. Wasch das Spültuch aus und mach das sofort sauber.«

»Ja, Mutti.« Ich wischte ungeschickt über die Tischfläche und sah zwischen meinen Eltern hin und her. Vatis Augen, normalerweise ein verwaschenes Blau, glänzten wie ein früher Morgenhimmel.

»Siehst du denn nicht, wie wichtig das ist?«, fragte er und ließ die Zeitung sinken. »Wir kämpfen gegen England und Frankreich, sogar Skandinavien! Unser Land braucht uns.«

»Du meinst, es braucht *dich*.«

»Jeder muss seine Rolle spielen.«

»Mich hat niemand gefragt, ob *ich* eine Rolle spielen will.« Muttis Stimme war schrill, während sie den Topf auf den Ofen setzte und begann, Kartoffeln zu schälen. »Ich stecke hier fest und muss mich um zwei Kleinkinder kümmern.«

»Genau das erwartet der Führer von dir. Das weibliche Geschlecht ist dafür geschaffen, Mutter zu werden und auf unsere Familien zu achten. Wir machen den Rest.«

»Wie deinen Krieg?«

Meine Eltern streiten zu hören, verwandelte mein Inneres in Knoten. Sie sollten aufhören. Stattdessen flogen die Argumente wie Messer über meinen Kopf hinweg, während ich schweigend zu Ende putzte und zu Vatis Stuhl zurückging.

»Wir müssen alle Opfer bringen«, sagte Vati. »Du bist eine starke Frau. Kümmert sich unsere Regierung nicht um alles? Jede Familie erhält Rationen, sogar für Kleidung. Sie denken an alles.«

»Diese Bezugsscheine sind so mühselig. Und die Sirenen machen mich verrückt.«

Vati stand auf und strich Mutti über den Rücken. »Mach dir keine Sorgen, alles wird gut laufen.«

Während des Essens beobachtete ich weiter meine Eltern. Bleierne Stille vergiftete nun die Luft, die nur vom Brabbeln meines Bruders und dem Schaben der Löffel in den Porzellanschüsseln unterbrochen wurde.

Ich schmeckte nicht viel von der Suppe. Mein Blick

schweifte hin und her, von der steinernen Miene am einen Ende des Tisches zur ebenso starren am anderen. Währenddessen dachte ich über die Ereignisse des Nachmittags nach und fragte mich, ob ich etwas getan hatte, das sie so wütend gemacht hatte. In der Stille der Küche spürte ich, dass eine große Veränderung bevorstand. Etwas Schreckliches lauerte, wie ein Wolf, der im Gebüsch harrt und jederzeit angreifen kann. Man sieht und hört ihn nicht, aber man weiß, dass er da ist.

»Tim meint, Frauen, die Lippenstift tragen, sind Huren«, sagte ich, mein Blick auf dem Mund meiner Mutter, wo Reste roter Farbe auf der Unterlippe klebten.

»Wer ist Tim?«, schnappte Mutti.

»Ein Junge in meiner Klasse. Sein älterer Bruder ist in der Hitlerjugend und die sagen, Mädchen sollen sich nicht anmalen. Sie sollen auf die Männer hören.«

»Junge Mädchen wie du sind hübsch, so, wie sie sind«, sagte Vati.

Ich war sicher, dass Tim alle Frauen gemeint hatte, und obwohl ich darauf brannte, zu wissen, was eine Hure war, entschloss ich mich, meinen Mund zu halten. Die bohrenden Augen meines Lehrers erschienen vor meinen Augen und ich erinnerte mich an meine frühere Mission.

»Vati, kannst du heute Abend mit mir lesen?« Ich war eine schreckliche Leserin, hasste es, besonders wenn ich in der Klasse laut vortragen musste und Herr Poll sein Lineal auf mein Pult schlug, wenn ich stecken blieb.

Mutti ging zum Fenster und zog das Verdunklungsrollo herunter, ihre Lippen zu einer geraden Linie zusammengepresst. »Heute Abend nicht. Räum den Tisch ab, während ich die anderen Jalousien herunterlasse und deinen Bruder wickele. Dann machst du dich bettfertig.«

Vati sprang auf und verschwand im Wohnzimmer. »Wir machen es ein anderes Mal«, sagte er, bevor er die Tür schloss.

Als ich Mutti dabei beobachtete, wie sie Burkhart ins Bett brachte, fühlte ich mich so transparent wie die Luft um mich herum. Aber nicht auf angenehme Weise. Eher wie

Halsschmerzen, die nicht weggehen und dich ab und zu daran erinnern, dass du noch krank bist.

Nachdem ich die Teller in der Spüle gestapelt hatte, ging ich zu meinem Vater, der am Schreibtisch saß und einen Berg Akten studierte.

»Vati?«

»Was ist denn, Lilly?«

Ich zögerte. War jetzt der richtige Zeitpunkt, nach der Puppe Inge zu fragen? Vati benahm sich so komisch. Selbst jetzt schimmerte seine Stirn feucht, als ob er zur Straßenbahn gerannt wäre.

»Nichts«, sagte ich. »Gute Nacht, Vati.«

»Süße Träume.«

Enttäuscht schloss ich leise die Tür und ging in Richtung meines Schlafzimmers. Auf halbem Weg stoppte ich und lauschte, doch aus der Küche drang kein Laut.

Ich war gerade dabei, ins Bett zu klettern, als es an der Tür klingelte. Ich schrak zusammen. Etwas Furchtbares würde passieren, dessen war ich mir sicher. War etwa der Krieg gekommen, um Vati zu holen?

Doch dann hörte ich die Stimme von Muttis Bruder August, meinem Lieblingsonkel. Er brachte mir immer Geschenke, ein Schokoladeneclair, eine Blume aus seinem Garten oder eine Tüte süßer Kirschen.

Ich atmete wieder und bemerkte, wie eisig meine Füße auf dem Linoleum geworden waren.

Den Geräuschen nach zu urteilen, waren alle ins Wohnzimmer gegangen - eine perfekte Gelegenheit, meinen Onkel zu sehen und mehr über Vatis Pläne herauszufinden. Wenn ich so tat, als ob mein Magen schmerzte, würde ich vielleicht noch eine Weile aufbleiben dürfen. Ich beugte mich über meinen Bruder, der auf dem Rücken lag, sein Mund entspannt im Schlaf, sein Gesicht umrandet von blonden Locken. In diesem Moment beneidete ich ihn. Es sollte nicht das letzte Mal sein.

Auf der anderen Seite der Wand brüllte Vati. Alarmiert schlich ich auf Zehenspitzen in die Diele und spähte durch die

Wohnzimmertür. Onkel August lungerte, seine langen Beine ausgestreckt, auf dem Sofa, neben ihm eine junge Frau, die ich nicht kannte. Mutti saß kerzengerade auf einem Sessel am Fenster.

»Kaum zu glauben. Wie kannst du nur so begeistert sein?« Augusts Stimme schwoll zu einem Dröhnen, während er gleichzeitig der jungen Frau das Knie streichelte. »Hast du den letzten Krieg vergessen? Gerade du.«

»Unsinn«, sagte Vati von irgendwo hinter der Tür. »Dieser Krieg wird schnell vorübergehen. Unsere Wehrmacht ist überlegen. Ich meine, Polen fiel in einem Tag, und Frankreich und Skandinavien werden schon bald folgen.«

August schüttelte den Kopf, sein Blick wirkte missbilligend. »Ich verstehe nicht, wie du deiner Familie den Rücken kehren kannst.« Seine Stimme wurde immer lauter. »Machst du dir keine Sorgen, Frau und Kinder zu verlassen? Dieser verdammte Krieg verschafft mir eine Gänsehaut. Die SS und die Gestapo beobachten *alles*. Erst kürzlich ...«

»Sch«, machte die Frau neben ihm. »August, bitte sei vorsichtig. Was ist, wenn jemand zuhört?«

»Ich drehe meiner Pflicht nicht den Rücken zu!«, schrie Vati. »Außerdem achtet der Führer auf alles.«

August warf Mutti einen Blick zu. »Seit wann können wir der Regierung trauen?«

Mutti lehnte sich nach vorn. »Die Wohnung unter uns steht leer. Wenn Willi abreist, habe ich nicht mal einen Nachbarn zum Reden.« Sie schluckte vernehmlich, ihre Augen voller Tränen. »Soll ich etwa Herrn Baum fragen? Der ist älter als Methusalem und kann kaum laufen, geschweige denn helfen, wenn sich die Lage verschlimmert.«

Ich erschauerte. Ich mochte den alten Mann von nebenan, vor allem seine knotigen Hände. Braun und krumm erinnerten sie mich an Minibaumstämme. Er hörte mir immer zu, wenn ich sprach, als ob das, was ich sagte, wichtig wäre.

»Ich bin überzeugt, dass der Krieg vor Jahresende vorbei sein wird.« Doch in Vatis Stimme lag wieder diese Dunkelheit, dieses Falsche. »Ich für meinen Teil bin stolz darauf, zu helfen.«

Als August plötzlich aufsprang, stieß ich mir fast den Kopf am Türrahmen. »Ich jedenfalls nicht.« Seine Augen verengten sich. »Ich dachte, deine Stelle bei der Stadt sei hochwichtig. Komisch, dass sie ihren Top-Oberinspektor einfach so gehen lassen.«

Die Stille, die folgte, erinnerte mich ans Abendessen, als meine Eltern schweigend am Tisch gesessen hatten. Ihren Zorn hatte ich ebenso deutlich gehört, als wenn sie sich angeschrien hätten. Nun wollte ich nicht mehr hineingehen, ich konnte aber auch nicht zurück in mein Zimmer. Meine Beine waren so starr wie Herr Polls Lineal.

»So oder so«, fuhr August fort, »ich wollte euch ja nur meine Verlobte Annelise vorstellen. Es tut mir leid, dass ich gekommen bin.«

Mutti stand auf und wischte sich die Augen. »Bitte August, geh noch nicht. Ich bin sicher, es wird sich alles finden.«

»Ganz genau.« Vati klang wieder ruhig. »Lasst uns auf eure Verlobung trinken. Ich hole eine Flasche Wein aus dem Keller.«

Als sich im Zimmer ein Stuhl verschob, kam Bewegung in meine Beine. Ich flitzte in mein Zimmer und rollte mich eng zusammen, wie während eines Gewitters. Es dauerte lange, bis ich einschlief, wobei ich mir fest vorstellte, wie Vati mir die Puppe Inge zum Geburtstag überreichte.

# KAPITEL ZWEI

**Günter: Mai 1940**

»Achtung! Füße zusammen, Arme nach unten, Hände an die Hosennaht. Schaut geradeaus. Steht still«, schrie der Junge. Er war höchstens sechzehn, und die hell-braune Uniform hing in Falten über seiner schmalen Brust. Das Haar rund um seine Ohren herum war bis zur Haut geschoren, sodass der verbleibende blonde Büschel oben auf seinem Kopf wie ein Vogelnest wirkte.

Er schritt vor uns, einer Reihe elfjähriger Jungen, auf und ab, seine Augen zornige Schlitze. »Männer!«, brüllte er, »Ihr seid die zukünftigen Soldaten Deutschlands. Ihr kämpft nicht, um zu sterben, sondern um zu gewinnen.« Er riss ein Buch auf. »Ich zitiere. Nichts ist wichtiger als euer Mut. Nur die starke Person, getragen von ihrem Glauben und dem kämpferischen Verlangen des eigenen Blutes, wird in der Gefahr Meister sein.« Das Buch schnappte zu. »Ich erwarte absoluten Gehorsam.«

Ich stand neben meinem besten Freund Helmut im Sportstadium Krahenhöhe, wo die örtliche Hitlerjugend zum Drill antrat. Wir hatten uns in der Mitte des Grasfeldes in drei Reihen aufgestellt. Ein anderer Junge mit roten und blauen Abzeichen auf seinem Hemd erschien.

»Stopf das Hemd in die Hose und zieh die Socken hoch«,

schnaubte er, sein Zeigefinger wie ein Dolch auf Helmuts Brust. »Guck dir diesen Dreck auf deinen Schuhen an. So läuft man nicht rum. Zeig gefälligst etwas Stolz.«

Aus den Augenwinkeln beobachtete ich, wie Helmut Hemd und Strümpfe zurechtzog und die Schuhe sauber rubbelte. Helmut vergisst so was manchmal. Zum Glück streckten sich meine Socken bis unter die Knie. Trotzdem hielt ich den Atem an, als der Junge vorbeimarschierte. Heute Nachmittag hatten wir eine Uniform gekauft: schwarze kurze Hosen und hellbraunes Hemd, Halstuch mit Lederknoten, Armband – und das Beste, ein nagelneues Messer. Mutter hatte gemurrt, weil sie so viel Geld ausgeben musste.

»Aber Mutter, alle Jungen müssen teilnehmen«, hatte ich erklärt, als wir den Laden verließen. »Sie haben es in der Schule gesagt. Es ist unsere Pflicht.« Ich hatte für mich behalten, wie begeistert ich über meine neue Ausstattung war. Meistens bekam ich die alten Klamotten von meinem älteren Bruder Hans.

»Was haben sie nur mit euch vor?«, hatte Mutter mit gereizter Stimme gefragt.

»Feuer machen und zelten.« Ich hatte für mich behalten, dass ich es kaum erwarten konnte, mein neues Messer auszuprobieren und mit einer Meute Jungs ins Abenteuer zu ziehen.

Jetzt verharrte ich in einer Reihe und durfte mich nicht bewegen. Einfach nur dämlich.

»Achtung! Links – um! Im Gleichschritt – Marsch! Eins, zwei, eins, zwei, folgt mir.« Vogelnest steuerte den Platz hinunter. Der Junge, der zuvor die Befehle erteilt hatte, sah zu und schien darauf zu warten, dass wir stolperten. Wir marschierten hin und her, nach links und nach rechts, überquerten hundertmal das Feld.

Die Luft roch nach Frühsommer und war angenehm warm. Löwenzahn und Vergissmeinnicht tüpfelten das Gras wie ein bunter Teppich. Meine Klassenkameraden imitierend, unterdrückte ich das Verlangen, mich umzusehen. Stattdessen zwang ich mich, geradeaus zu schreiten und auf den Horizont zu starren, als ob ich Ausschau danach halten wollte, was aus der Ferne auf mich zukam.

Ein Mann in einer braunen Uniform mit einem roten Armband beobachtete uns vom Spielfeldrand. Kurz abgelenkt, trat ich auf die Ferse meines Vordermannes.

»Aua«, jaulte der Kerl. »Idiot, pass gefälligst auf.«

»Du bist der Idiot«, sagte ich. »Warum stoppst du?«

Vogelnest baute sich vor uns auf. »Was ist hier los?«

»Er hat mir auf den Fuß getreten«, blökte der andere Junge.

Meine Wangen glühten. »Er hat plötzlich angehalten.«

»Name.«

»Was?«

»Dein *Name.*«

»Günter Schmidt.«

»Hör mir mal genau zu, Günter.« Vogelnests Augenbrauen zogen sich zusammen. »Hier wird nicht gespielt. Du trainierst, um Soldat zu werden. Auf den Boden. Zwanzig Liegestütze, aber zack.«

»Jawohl.« Ich warf mich ins Gras, froh, mein Gesicht verbergen zu können. Mein Kopf hatte sich in einen überhitzten Ballon verwandelt, der wegfliegen wollte.

Nachdem ich meine zwanzig Liegestütze absolviert hatte, stand ich außer Atem auf und verschluckte die Schimpfworte, die mich würgten. Das Marschieren ging weiter, gefolgt von Singen.

*Uns're Fahne flattert uns voran.*
*In die Zukunft ziehen wir, Mann für Mann.*
*Wir marschieren für Hitler,*
*Durch Nacht und durch Not,*
*Mit der Fahne der Jugend,*
*Für Freiheit und Brot.*
*Uns're Fahne flattert uns voran,*
*Uns're Fahne ist die neue Zeit.*
*Und die Fahne führt uns in die Ewigkeit!*
*Ja, die Fahne ist mehr als der Tod!*

Vogelnest las weiter aus seinem Buch über das Heldentum vor, aber meine Gedanken wanderten, beschleunigt durch das Knurren meines Magens, zum Abendessen, das zu Hause auf mich wartete. Bei der Verabschiedung warf mir Vogelnest einen verächtlichen Blick zu, bevor er uns daran erinnerte, Marschieren und Stillstehen zu üben. Er erwähnte weder Zelten noch Lagerfeuer. *Stinklangweilig.* Nicht mal unsere Messer durften wir benutzen. Und am Samstag sollten wir wieder hin.

Helmut schwatzt gern viel, aber selbst er war mies drauf und so liefen wir schweigend nach Hause. Als ich endlich in meiner Wohnung eintraf, war es spät und ich hatte schlechte Laune.

Ich wohnte im Erdgeschoss eines Mehrfamilienhauses auf der Weinsbergtalstraße, eines von mehreren identischen dreistöckigen Häusern im Süden Solingens. Sie waren erst kürzlich aus Stein und Stukko erbaut worden und galten als modern. Jedes Haus war in derselben blassgrünen Farbe angestrichen, mit einem gelegentlichen Blumenkasten im weißgerahmten Fenster. Ich fand das neue Wasserklosett besonders interessant. Du zogst an einer Kette — das Spielen damit hatte mir Mutter strengstens verboten — und das Wasser schoss aus einem Tank unter der Decke. Helmut hatte noch ein Plumpsklo.

Im Flur warf ich meine Mütze in die Ecke und betrat die Küche. »Ich hab vielleicht Kohldampf …«

Das letzte Wort blieb mir im Hals stecken, weil der Tisch, für fünf gedeckt, unangetastet und das Zimmer leer war. Ein ungutes Gefühl kroch in mir hoch, doch vergaß ich es aufgrund des leckeren Geruchs, der aus dem Emailletopf strömte, sofort wieder. Ich hob den Deckel und seufzte – Bohnensuppe mit Speck und geräucherten Würstchen. Ich blickte auf die Uhr, 19:30. Kein Wunder, dass ich am Verhungern war.

Aber wir aßen nie später als 18 Uhr. Da stimmte was nicht.

Zögernd kehrte ich der Suppe den Rücken und schlich auf Zehenspitzen in die Diele. Stimmen drangen aus dem Schlafzimmer meiner Eltern.

Ich stoppte an der Tür und klopfte. »Vater?«

»Komm rein.«

Ich öffnete die Tür einen Spalt. »Essen wir bald?«

Mutter saß vornübergebeugt auf dem Bett. Mein Vater kniete vor ihr. Ich wollte hineingehen, aber irgendetwas in ihren Mienen hielt mich zurück.

Vater richtete sich mühsam auf. »Ich reise morgen ab.«

»Was meinst du damit?«

»Ich wurde eingezogen.«

Ich starrte meinen Vater an, während seine Worte in meinem Kopf widerhallten. »Aber du hast gesagt, sie brauchen dich im Betrieb. Du hast gesagt, du hättest mehr Arbeit, als du erledigen kannst, weil diese Offiziere so komische Dolche wollen.«

»Das hatte ich angenommen.« Vaters' Stimme blieb ruhig, aber seine Kiefermuskeln waren angespannt.

»Kannst du ihnen nicht sagen, du hättest zu viel zu tun?«

Mein Vater seufzte und legte einen Arm um meine Schultern, sein Ausdruck war ernst. Obwohl er eher gedrungen wirkte, konnte er einen Hundert-Kilo-Sack Kartoffeln wie ein Kleinkind tragen. Vater war nicht der Typ, der Liebkosungen austeilte, aber heute Abend hielt er mich fest.

»So läuft das nicht. Ich muss mich dem Befehl fügen.«

»Wo gehst du hin?«

»Weiß nicht, vielleicht Skandinavien.«

Mutter wischte sich die Augen und stand auf. »Hol deine Brüder und iss. Wir packen und kommen gleich. Und zieh diese Kleider aus.«


Während der Nacht warf ich mich trotz meiner bleiernen Knochen im Bett hin und her. Ich hatte mir die Zunge an der Suppe verbrannt und mein Magen machte komische Geräusche. Wie es klang, schlief mein älterer Bruder Hans auch nicht.

Zwar verkündete das Radio jeden Tag neue Siege, doch es waren auch die ersten Todesmeldungen gefallener Soldaten in der Zeitung aufgetaucht. Ein schwarzes Kreuz schwebte über den Anzeigen und Mutter grummelte und schüttelte den Kopf, wenn sie Namen und Alter der Toten las. Ich stellte mir meinen Vater vor, wie er blind in ein Meer aus Stacheldraht taumelte, Kopf und Augen verbunden, seine Arme nach vorn ausgestreckt.

In den frühen Morgenstunden stand die Zeit still. Ich fragte mich, ob Vater als Krüppel zurückkehren würde oder gar nicht. Im Geiste sah ich seine Todesanzeige: Artur Schmidt, als Held gefallen. Vielleicht sollte ich Hans fragen, was er vom Krieg hielt, aber bevor ich dazu kam, hörte ich leises Schnarchen aus Richtung des anderen Bettes.

Ich legte mich auf den Rücken und starrte in die Dunkelheit. Die Wohnung war still. Aber diese Ruhe war nicht die eines friedlichen Schlafes, sondern die künstliche Stille eines von Kissen gedämpften Weinens und von Gedanken, die unablässig wirbelten. Ich drehte mich wieder zur Wand, mein letzter Gedanke vor dem Einschlafen galt meinem Vater, mit einem Gewehr winkend.

Am Morgen wachte ich schlagartig auf. Auf dem Bett meines Bruders lag nur ein Haufen Decken. Die Erinnerung an gestern Abend kehrte zurück und ich seufzte. Sanftes Murmeln driftete aus der Küche herüber — die Stimme meines Vaters. Ich wollte im Bett bleiben und ihm lauschen, und gleichzeitig wollte ich in seiner Nähe sein.

Mit einem Ächzen kroch ich aus dem Bett.

»Günter, du Schlafmütze.« Vater öffnete seine Arme. »Komm her.«

Ich verbarg mein Gesicht in den Falten seines Hemdes. »Gehst du jetzt?«

Vater roch nach Rasiercreme. Jeden Morgen vollzog er das gleiche Ritual. Das Rasiermesser, eine einzige scharfe Klinge, wurde über einen Lederriemen gezogen, um es noch schärfer zu machen. Nachdem er mit dem dicken Pinsel aus Dachshaar die weiche schaumige Seife aufgerührt hatte, verschwand Vaters Gesicht unter einer Schicht weißer Seifenblasen. Dann nahm er das Messer und kratzte die Bartstoppeln weg.

»Es ist so weit.«

Alle drängten sich um uns. Ich seufzte, mein Hals eng und

schmerzhaft.

Vater nahm mich und Hans beim Arm. »Ihr zwei kümmert euch um Mutter und Siegfried.«

Ich schluckte hart, doch der Klumpen in meiner Kehle wuchs, und Tränen schossen mir in die Augen. Hans war genauso aufgewühlt, seine Schultern zitterten. Mein kleiner Bruder Siegfried, gerade erst drei, hatte keine Ahnung, was los war.

»Macht keinen Unfug. Tut, was euch gesagt wird. Ich will keine Klagen hören.«

»Ja, Vater«, sagten Hans und ich gleichzeitig.

»Wann kommst du wieder?«, fragte ich.

»Sobald sie mich lassen.«

»Versprochen?«

»Ich schreibe.« Vater nahm Mutters Hände. »Auf bald, Grete.« Er wischte sich die Augen mit dem Handrücken und schritt zur Tür. Einen Moment lang sah er sich im Wohnzimmer um: das Ledersofa, der Lieblingssessel in der Ecke, der Walnusstisch und die passende Anrichte. Eine helle Morgensonne schien ins Zimmer und warf ein Muster aus Licht und Schatten auf das Holz. Ein Star trillerte draußen von Sommer und Neuanfängen. Mit einem endgültigen Nicken eilte Vater hinaus — und war fort.

Mutter tupfte sich die Augen, wo sofort neue Tränen erschienen. »Ihr habt gehört, was Vater gesagt hat. Wir sprechen besser über eure neuen Aufgaben.«

»Können wir das nicht nach der Schule tun?« Meine Beine waren schwer vor Schlafmangel.

Mutter griff resolut zu Papier und Stift. »Wer will mir mit der Wäsche helfen?«

»Das ist Frauenarbeit«, meinte Hans. »Außerdem bin ich zu alt für so was.«

»Ich mach das auch nicht«, sagte ich.

Mutter hieb mit der Faust auf den Tisch. »Genug.« Obwohl sie eine kleine Frau war und ich sie selbst als Elfjähriger überragte, beugte ich den Kopf. »Denkt daran, was Vater gesagt hat. Günter, du hilfst mir mit der Wäsche. Hans, du versorgst die Öfen. Außerdem brauche ich jemanden, der die Flurtreppen putzt und den Bürgersteig kehrt.« Ich hörte nicht mehr zu.

Mein Leben würde eine einzige gigantische Hausarbeit werden.

Ende der Stichprobe

www.ingramcontent.com/pod-product-compliance
Lightning Source LLC
Chambersburg PA
CBHW071527120626
46550CB00006B/2378